HEATHER DONALDSON
MARTIN RIEDEL

PINK ELEPHANT COOKING

VEGANE REZEPTE UND YOGI-WEISHEITEN

südwest

INHALT

VORWORT   4

YOGA UND ERNÄHRUNG – PINGPONG ZWISCHEN YOGAMATTE UND ESSTISCH   6

Lebensmittel – pure Lebensenergie   6
Für Ausgeglichenheit und ruhige Nerven   7

PINKI STYLE – WAS UNSERE KÜCHE AUSMACHT   8

Saisonal und regional – und manchmal auch exotisch   9
Die sechs Säulen des Pinki Style   10

KITCHEN MUST-HAVES – DIE PINKI-VORRATSKAMMER   12

Im Kühlschrank   12
In Vorratskammer und Vorratsschrank   13
Gewürze – mehr als das Salz in der Suppe   13
Öle und Essig   14
Was der Kräutergarten hergibt   14
How to be sweet: Womit wir süßen   15

YOGI BREAKFAST   16

Shakes   30
Fruit Smoothies   32
Go Green Smoothies   38

YOGI ON THE ROAD   40

Aufstriche   44
Snacks   56
Salate   66

RAW FOODS/SALATE   70

Keimlinge und Sprossen   72
Salate   76
Dressings   92
Toppings   96

MAHLZEIT!   98

Kochen für Freunde   114
Suppen   124

GÖTTERSPEISEN   132

Nachtisch und Süßes   132

Rezeptregister   142
Impressum   144

VORWORT VON DR. RONALD STEINER

Vor über 10 Jahren habe ich Flippo und ein wenig später Heather auf der Yogamatte kennengelernt. Zwei enthusiastische Yogis tauchten in den Ashtanga Yoga ein. Ganz offensichtlich war für beide Yoga nicht nur eine körperliche Übung, sondern sie interessierten sich für die Hintergründe und Philosophie. Bald vertieften sie in der von mir geleiteten Yogalehrerausbildung ihre Erfahrungen. Yoga heißt für mich Ausrichtung auf das Lebendige. Dieses Lebendige ist unser wahrer Wesenskern und der Wesenskern von allem, was ist.

Und schon war die Frage da: Kann Kochen und Essen auch Yoga sein? Wenn ich heute Flippo und Heather beim Kochen beobachte, ist das die beste Antwort. Kochen ist Yoga!

Es fängt schon bei der Auswahl der Zutaten an. Sie wählen mit Sorgfalt, das was im Einklang mit dem Lebendigen steht. Mit ebenso viel Freude und Enthusiasmus bereiten sie es zu. Das ist der Yoga für Kochende! Was dabei entsteht, ist überaus köstlich und noch obendrein gesund. Solche Nahrung, bewusst genossen, ist ein Schritt zu mehr ganzheitlichem Wohlbefinden und bringt den Essenden wie selbstverständlich in Kontakt mit seiner Lebendigkeit. Das ist der Yoga des Essens!

Auf vielen meiner Retreats und vor allem den Lehrerausbildungen kochen nun Heather und Flippo und inspirieren die Teilnehmer, den Yoga von der Matte an den Esstisch und in die Küche zu nehmen. Liebevolle und ebenso pfiffig-kreative Beschreibungen erklären, was hier zum genussvollen Verzehr angeboten wird. Jeder findet das, was ihm guttut. Ob roh oder vegan, laktose- oder glutenfrei – hier wird Essen in einer lockeren und undogmatischen Natürlichkeit zelebriert. Nach einer Woche Retreat sind im Gepäck nicht nur neue yogische Techniken und alte Philosophie, sondern auch das ein oder andere Rezept und ganz sicher die Inspiration, auch im Alltag mehr lockere Lebendigkeit in seiner Ernährung zu fördern.

Daher ist es schön, dass es nun dieses Buch gibt. Ich blättere durch die Seiten und bin entführt in die Küche von Flippo und Heather. Einmal ist es der bunte Mix der Gerichte aus ganzer Welt, zum anderen auch die farbenfroh schillernden Erzählungen der beiden kochenden Yogis. So lässig und freudig kann gesundes Kochen und gesunde Ernährung sein!

Auch als Arzt kann ich solch eine undogmatische Ernährung, die dennoch konsequent frei ist von künstlichen Zusatzstoffen und Zucker, dafür reich an vitalen naturbelassenen, oft rohen Lebensmitteln, vollkommen empfehlen.

Dr. Ronald Steiner
Arzt und Yogalehrer - AshtangaYoga.info

YOGA UND ERNÄHRUNG –

PINGPONG ZWISCHEN YOGAMATTE UND ESSTISCH

Wenn du in deinem Leben nichts verändern willst, fang nicht mit Yoga an! Denn dadurch wird sich vieles ändern – höchstwahrscheinlich auch deine Ernährungsweise. Obwohl bei uns im Westen Yoga oft auf die körperlichen Übungen, die Asanas, reduziert wird, ist es als ganzheitliches System zu betrachten. Die Headline in der Tageszeitung: »Erleuchtung durch Sixpack und Kerze« wird es nicht geben! In jeder Art ganzheitlichen Lifestyles spielt die Ernährung eine große Rolle, und beim Yoga ist das nicht anders.

Den Körper als Tempel zu betrachten ist ein gern verwendetes und gutes Bild. Wir verlangen unserem Tempel einiges ab. Es herrscht darin ein steter Zulauf von Ansprüchen und Gewohnheiten. Ein Tempel ist aber sowohl ein Ort der Begegnung als auch des Rückzugs und der Einkehr. Er wird gepflegt, mit den schönsten Blumen geschmückt und achtsam genutzt. Und so sollten wir auch mit unserem Körper umgehen – nicht, als lebten wir an einer Bushaltestelle!

LEBENSMITTEL – PURE LEBENSENERGIE

Körper und Geist geht es am besten, wenn sie im Einklang sind und ihr Wechselspiel ohne großen Reibungsverlust verläuft. Wir sind der Überzeugung, dass neben der Yogapraxis die Art, sich zu ernäh-

ren, ganz entscheidend zu diesem Einklang beiträgt. Wenn man Yoga ernst nimmt, muss man auch den Körper ernst nehmen und ihn mit guten Lebensmitteln nähren.

Und schon sind wir wieder bei der Tempelpflege. Essen ist mehr als nur Nahrungsaufnahme. Es dient der Regeneration von Körper und Seele. Darüber hinaus haben wir festgestellt, dass es von Vorteil ist, wenn die ganze Sache auch noch richtig super schmeckt.

Lebendige Lebensmittel enthalten Prana, Lebensenergie. Lebendige Lebensmittel sind Rohkost, Sprossen und Keimlinge, Lebensmittel, die beim Trocknen nicht über 42 °C erhitzt wurden. Wer im Trend segeln will, nennt es »raw«. Früchte, rohes Gemüse und Nüsse erhöhen die Lebenskraft und stimmen das Gemüt friedlich. Auch Vollkorngetreide und sanft gekochtes Gemüse sind aktivierende Lebensmittel und für den Körper wichtig.

Wer regelmäßig Yoga übt, stellt meist irgendwann seine Ernährung um. Man beginnt zu spüren, was einem guttut und wie sich das Essen vom Vorabend auf die Yogapraxis auswirkt. Wer schon mal nach einer Portion Pommes rot/weiß auf die Matte gegangen ist, weiß, wovon wir sprechen. Aber, hey, nichts gegen Pommes! Wir lieben Pommes!

Jetzt zum Thema veggie bzw. vegan: Wir haben sowohl bei uns selbst als auch bei vielen anderen beobachtet, dass die Entscheidung, auf Fleisch zu verzichten, ganz von allein kommt. Viele werden aus ethischen Gründen Vegetarier, viele berichten aber auch davon, nach Fleisch einfach kein Verlangen mehr zu haben. Das gleiche Prinzip kann sich über die vegetarische bis zur veganen Ernährungsweise fortsetzen. Eines Tages bemerkt man, dass man im Café nach Hafermilch für seinen Crema gefragt hat.

FÜR AUSGEGLICHENHEIT UND RUHIGE NERVEN

Yoga gleicht Körper, Geist und Seele aus und wirkt beruhigend auf die Nerven. Das gilt bei uns auch fürs Kochen, und das wiederum überträgt sich auf die zubereitete Speise. Man schmeckt die Laune des Kochs. Liebe und Freude beim Kochen fördern den Nährwert jeder Speise. Wir haben in der Küche immer gute Laune, wir hören Musik, scherzen miteinander und legen auch mal einen Boogie auf die Küchenfliese. Flippos Moonwalk verleiht jedem Gericht das gewisse Etwas.

Eine Lebensregel des 14. Dalai Lama besagt: Widme dich der Liebe und dem Kochen mit wagemutiger Sorglosigkeit. Right on then!

PINKI STYLE –
WAS UNSERE KÜCHE AUSMACHT

Gerichte und Rezepte sind im idealen Fall mit Geschichten und Emotionen verbunden. Die meisten unserer Gerichte und Ideen bringen Impressionen unserer bisherigen Reisen auf den Tisch. Yoga schickt uns durch die ganze Welt: Deutschland, Portugal, Holland, Österreich, Schweiz, Griechenland, Italien, Frankreich, Kreta, Hawaii, Chicago, Bali, Indien ... Und so unterschiedlich wie diese Länder sind auch unsere Gerichte – asiatisch, europäisch und oft, durch die exotisch verarbeiteten Zutaten, multikulti heimatverbunden deutsch.

Wir haben keine klassische Kochausbildung. Wir kamen durch die Liebe zum Essen und dessen Zubereitung zum Kochen. Aber die Art und Weise, wie wir jetzt kochen, ist ganz klar vom Yoga geprägt. Nicht nur unser Lebens-, auch unser Kochstil ist ein ganz anderer geworden. Das Fundament von Pink Elephant Cooking wird nicht durch eine bestimmte Ernährungswissenschaft gebildet. Es entsteht, wie beim Yoga, aus der Erfahrung: Was funktioniert gut – in Verbindung mit einer regelmäßigen Yogapraxis –, was weniger gut. Die genaue Beobachtung in der Praxis hat uns gezeigt, was förderlich ist und was besser an einem Off-Day oder Moonday gegessen werden sollte – beispielsweise die heiß geliebten selbst gemachten Pommes von vorhin. Traditionell praktizieren Ashtanga Yogis 6 Tage in der Woche, außer an Voll-und Neumondtagen.

SAISONAL UND REGIONAL – UND MANCHMAL AUCH EXOTISCH

Im Alltag legen wir viel Wert auf ein ausgewogenes Verhältnis von Eiweiß, Kohlenhydraten und gesunden Fetten. Die Verwendung regionaler Produkte prägt unseren Kochstil. Auch bei uns gibt es geniales Gemüse, und zwar all year round! Kommt der Winter, verschwinden zum großen Teil Tomaten und Gurken vom Speiseplan, und Saisongemüse wie Pastinaken, Rotkohl und Kartoffeln bestimmen, was auf den Tisch kommt.

Aber wir lieben auch Avocados, Kokos, Ananas, Mangos, Bananen, braunen Reis, Kurkuma, Kardamom und dergleichen mehr – und diese leckeren Sachen wachsen nun mal nicht bei uns. Deshalb nutzen wir die Möglichkeit zum Kauf von Fair-Trade-Produkten. Indem wir ein paar Euro mehr ausgeben, hoffen wir, dass auch dem Erzeuger in Südostasien mehr zufließt. Jedenfalls lassen wir bei unserer Koch-Action den »Kleinen Farmer« nicht zu kurz kommen.

Lebensmittel, Gewürze, Kräuter – nahezu alle unsere Zutaten stammen aus biologischem Anbau. Allerdings nehmen wir lieber einen Apfel aus regionalen Streuobstwiesen als einen Bioapfel aus Asien, China, Afrika oder sonst wo her. Wenn möglich, verarbeiten wir Gemüse und Obst aus der Region, in der wir gerade kochen.

DIE SECHS SÄULEN DES PINKI STYLE

Als »Kreativlinge« sind uns auch Farben wichtig. Das Essen soll natürlich in erster Linie nahrhaft sein, aber es soll auch Spaß machen. Farben regen den Appetit an und heben die Laune.

UNSERE KUNTERBUNTE KÜCHE IST:

» Vegan
» Zuckerfrei (außer, wir geben süßen Senf dazu)
» Sojafrei (Ausnahmen sind Miso und Sojasauce)
» Rohkostreich
» Gespickt mit Superfood
» Freestyle

yeah yeah

WARUM VEGAN?

Yoga hat uns zur vegetarischen und weiter zur veganen Ernährungsweise geführt. Es war ein langsamer und natürlicher Prozess. Keiner von uns beiden ist eines Tages aufgewacht und hat gesagt: »Hossa! Heute werde ich Veganer!« Wir hatten einfach immer weniger Lust auf tierische Produkte und haben uns allmählich von Milch & Co. bzw. Käse abgewandt. Es gibt unterschiedliche Gründe, warum man sich dem Veganismus zuwendet. Wir richten uns stark danach, was unser Körper zu uns sagt. Inzwischen hören wir gern auf ihn, er hat nämlich meist recht.

In der Hatha Yoga Pradipika stehen auch ein paar Leitlinien zur richtigen Ernährung für den Yogi. Unter anderem steht da: Die Nahrung soll süß, fett und reich an Milchprodukten sein. Tja, und jetzt kommen wir mit vegan daher … Eine süße und fettreiche Nahrung voller Milchprodukte mag wichtig sein, wenn man auf einem Berg lebt und nicht wie wir hier im Westen, wo wir uns mit Superfoods & Co. eindecken können. Uns ist durchaus bewusst, dass es ein großer Luxus ist, sich gesund vegan ernähren zu können!

WARUM ZUCKERFREI?

Dass raffinierter Zucker nicht gesund ist, müssen wir eigentlich nicht erklären. Aber ein paar Beispiele, die gegen die Verwendung von Zucker sprechen, können nicht schaden: Er fördert Karies, bewirkt einen schnellen Blutzuckeranstieg und damit auch einen schnellen Blutzuckerabfall – und er ist ohnehin überall versteckt, z.B. in Brot, Süßigkeiten, Limonaden und Fruchtsäften. Dick macht er außerdem. Als

echte Alternative zu gewöhnlichem Haushaltszucker verwenden wir Kokosblütenzucker, der einen sehr niedrigen glykämischen Index von nur 25 aufweist.

Seit 2012 kochen wir komplett zuckerfrei. Eine große Rolle hat Zucker bei uns nie gespielt; der Anstoß, ihn komplett aus der Küche zu verbannen, ergab sich aus der Zusammenarbeit mit Ronald Steiner, einem Yogalehrer, Begleiter und Freund auf unserem Weg. Welche Süßungsmittel wir verwenden, findet ihr im Abschnitt »How to be sweet – womit wir süßen« (siehe S. 15).

WARUM SOJAFREI?

Abgesehen von den ganzen Studien und Diskussionen rund um Soja, dessen Anbau und Verarbeitung, waren wir nie richtig Fans von Sojawürfelchen und Sojageschnetzeltem. Wir kommen gut ohne Sojamilch aus, und Tofu sowie seinen Kumpel, das Tofuwürstchen, vermissen wir auch nicht.

WARUM ROHKOST?

Nicht nur, dass sie so cool knackt beim Essen, sie enthält natürlich die ganzen Vitamine und Nährstoffe, die Obst und Gemüse als Paket mitbringen. Im Sommer besteht ein großer Teil des Speiseplans aus allerlei Ungekochtem. Wir empfinden es als sehr günstig und energetisierend, rohe, lebendige Lebensmittel zu uns zu nehmen – Prana (Energie) essen, wenn man so will. Die entsprechenden Rezepte sind im Buch mit dem Symbol »RAW« gekennzeichnet.

WARUM SUPERFOOD?

Aus dem Namen kann man getrost schließen, dass Lebensmittel als Superfood gelten, wenn sie einen extrem hohen Gehalt an verschiedenen Eiweißen, Mineralien, Vitaminen, Fettsäuren und Antioxidanzien enthalten. Es sind keine hochgezüchteten Pflanzen aus dem Labor, sondern altbewährte Naturprodukte. Einige davon stellen wir in diesem Buch vor. Gekennzeichnet sind die Rezepte mit dem Symbol »SUPERFOOD«.

WARUM FREESTYLE?

Ein paar Zutaten, eine gute Auswahl an Gewürzen, ein scharfes Messer – and we are ready to rock 'n' roll. Selten wissen wir im Vorfeld, was genau wir kochen, und falls wir es vorher wissen, wird es höchstwahrscheinlich abgeändert, oder wir kochen doch was ganz anderes. Wir lieben es, spontan zu sein und aus dem Bauch heraus für Bauch und Herz zu kochen.

KITCHEN MUST-HAVES –
DIE PINKI-VORRATSKAMMER

Hier gibt es einen kleinen Einblick in unseren Kühlschrank, in die Vorratskammer sowie in die Gewürz-, Öl- und Essigregale. Die aufgelisteten Lebensmittel bilden unser Gerüst beim Kochen. Sicher hast du deine eigenen Küchenlieblinge – setz die ruhig weiterhin ein. Wir würden uns aber freuen, wenn du auch Neues entdeckst und so deine Must-have-Liste erweiterst.

IM KÜHLSCHRANK

Wir finden es richtig spannend, bei anderen Menschen in den Kühlschrank zu schauen. Es ist so unglaublich unterschiedlich, was sich die Leute kühl halten. Hier unser cooles Coming-out.

» Brühe (Rezept siehe S. 124)
» Pestos aller Art (Rezepte siehe S. 54 und 127)
» Scharfer Senf und süßer Senf (ja, da ist leider Zucker drin, aber wir sind Bayern! Unser Kühlschrank funktioniert einfach nicht ohne ihn.)
» Mangoketchup (Rezept siehe S. 52)
» Umeboshi-Paste (Paste aus in Salz eingelegten japanischen Pflaumen)
» Misopaste (japanische Paste aus vergorenen Sojabohnen, Reis und Gerste)
» Hafermilch und/oder Nussmilch
» Außerdem meistens irgendwelche Reste vom Vortag, die am nächsten Tag noch besser schmecken ...

IN VORRATSKAMMER UND VORRATSSCHRANK

Genauso spannend wie der Blick in den Kühlschrank ist der in den Vorratsschrank. Wir legen jetzt unsere kulinarische Seele komplett auf den Tisch. Hier noch die letzten verborgenen Geheimnisse von Pink Elephant Cooking.

» Brauner Reis (darf bei uns unter keinen Umständen ausgehen! Panikartige Reaktionen, wenn der Boden des Gefäßes sichtbar und die Körner zählbar werden.)
» Soba-Nudeln (japanische Buchweizennudeln)
» Breite Reisnudeln (kennst du vielleicht von deinem Lieblings-Thai, z.B. bei Pad Thai)
» Linsen (in allen Farben, die es gibt)
» Kichererbsen und Mungbohnen
» Hafer, Dinkel
» Dinkelspaghetti (Spaghetti sind wahrscheinlich unser aller gemeinsamer Vorratsschranknenner! Wie oft hat eine Packung Spaghetti einen schon vor dem Verhungern gerettet …)
» Noriblätter
» Nüsse aller Art, Sonnenblumenkerne, Sesam sowie getrocknete Früchte (wir leisten uns Nüsse und Trockenfrüchte in Rohkostqualität; das strengt zwar den Geldbeutel an, lohnt sich aber!)
» Und, na ja, Erdnussbutter (»There's no life without peanut butter« – Zitat Heather)

GEWÜRZE – MEHR ALS DAS SALZ IN DER SUPPE

Es gibt zahlreiche Gewürze, die bei uns ständig im Einsatz sind. Hat man die zu Hause, steht einem abwechslungsreichen Kochen nichts mehr im Wege. Es gibt Zeugnisse dafür, dass schon die alten Ägypter 3500 v.Chr. Gewürze verwenden, auch zum Würzen von Speisen. Sie dienten und dienen bis heute dazu, Speisen bekömmlicher und aromatischer zu machen. Und hier die für uns ca. 108.000 wichtigsten Gewürze – nicht nach Wichtigkeit, sondern alphabetisch geordnet!

» Anis: beugt Blähungen vor, wirkt verdauungsfördernd und appetitanregend
» Bockshornklee: nervenstärkend, wirkt verjüngend
» Chili: wirkt desinfizierend und macht warm
» Curryblätter: regen den Appetit an
» Fenchelsamen: beugen Blähungen vor, wirken blutreinigend und schleimlösend
» Garam Masala: Wirkung je nach Zusammensetzung
» Ingwer: hilft immer und überall, wärmt, wirkt antibakteriell und entzündungshemmend
» Kardamom: kräftigt Herz und Gedächtnis, gut gegen Mundgeruch
» Koriander: krampflösend im Verdauungstrakt, wirkt antibakteriell
» Kreuzkümmel (Cumin): wirkt verdauungsfördernd und appetitanregend, reinigt das Blut
» Kümmel: stärkt das Immunsystem
» Kurkuma: regt den Stoffwechsel an, desinfizierende Wirkung
» Lorbeerblätter: wirken verdauungsfördernd, müssen einfach in die Suppe
» Majoran: wirkt verdauungsfördernd
» Muskatnuss: beruhigt den Geist, krampflösend, wirkt verdauungsfördernd und appetitanregend
» Nelken: beugen Blähungen vor
» Oregano: wirkt appetitanregend
» Paprika edelsüß: wirkt verdauungsfördernd

» Pfeffer: erhöht den Speichelfluss, verbessert die Verdauung

» Piment: hilft bei der Entgiftung

» Pipali (eine Pfefferart): wirkt krampflösend

» Rosmarin: unterstützt die Fettverdauung

» Safran: wirkt verdauungsfördernd und herzstimulierend, erhöht Prana in der Nahrung

» Senfkörner: helfen bei der Entgiftung

» Sternanis: stärken den Magen, beugen Mundgeruch vor

» Thymian: wirkt antibakteriell

» Zimt: wirkt antibakteriell, stimmungsaufhellend, verdauungsfördernd und appetitanregend

ÖLE UND ESSIG

Wir verwenden verschiedene Fette und Öle, je nach Geschmacksrichtung kommt ein anderes zum Einsatz. Auch die Zubereitungsart ist ausschlaggebend. Nicht jedes Fett bzw. Öl eignet sich für jedes Gericht. Das Gleiche gilt für seinen sauren Bruder, den Essig. Bei Ölen bitte auf Herkunft und Qualität achten. Öle sollten mit Ausnahme von Öl zum Braten immer kalt gepresst sein.

» Kokosöl (unser absolutes Lieblingsöl): wirkt entgiftend, als Energielieferant und macht nicht dick

» Kürbiskernöl: enthält viele Vitamine und Mineralstoffe

» Leinöl: Omega-3-Fettsäurenbombe!

» Mandelöl: enthält die Vitamine A, B1, B2, B6 und E sowie Protein

» Olivenöl, nativ, kalt gepresst: regt die Darmtätigkeit an, ist leicht verdaulich

» Sesamöl, geröstet: wirkt nervenstärkend und beruhigend

» Sonnenblumenöl (bitte spart hier nicht, es gibt tatsächlich Sonnenblumenöl, das auch nach Sonnenblumen schmeckt!): wirkt cholesterinsenkend, enthält die Vitamine A, B, D, E und K

» Walnussöl: hat einen hohen Anteil an B-Vitaminen

» Apfelessig, ungefiltert: reduziert Bluthochdruck, hilft bei Hautunreinheiten

» Dunkler Aceto balsamico (sei lieb zu dir und kauf dir einen guten, etwas älteren)

» Heller Aceto balsamico

» Reisessig

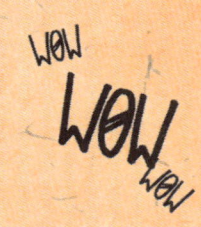

WAS DER KRÄUTERGARTEN HERGIBT

Im Sommer frisch gepflückt oder vom Markt, im Winter die getrocknete Ernte vom Balkon – wer will schon ohne Kräuter kochen? Wer einen Garten hat, kann die komplette Palette wachsen lassen. Aber auch der Einzimmer-Stadtmensch muss nicht auf frische Kräuter verzichten! Die meisten kann man ganz easy peasy auf dem Fensterbrett in Töpfchen wachsen lassen, auch ohne grünen Daumen. Kräuter sind eine ideale Kombi von großartigem Geschmack und heilender Wirkung – wir lieben sie einfach!

» Petersilie (wir ziehen die glatte der krausen vor – ist aber Geschmacksache),

» Basilikum, Oregano, Thymian, Salbei (hier gibt es auch wunderbar verschiedene Sorten),
» Schnittlauch, Rosmarin, Majoran, Zitronenmelisse, Minze, Bohnenkraut, Kerbel, Dill, Lorbeerblätter, Lavendel, Curryblätter, Thai-Basilikum, Zitronengras, Kresse (hiervon gibt es zahlreiche Sorten, wir wechseln ständig durch)
» und Rucola

Gut – die Letztgenannten sind keine Kräuter, aber irgendwo mussten wir sie ja unterbringen ... Genau wie Sprossen und Keimlinge: Selbst gezogene Sprossen und Keimlinge stecken voller Energie und sind ein Superfood erster Güte – knackfrisch, superschön, wahre Vitaminbomben und sie schmecken einfach richtig gut. Nein, sie schmecken sogar richtigrichtig gut!

HOW TO BE SWEET: WOMIT WIR SÜßEN

Es gibt viele alternative Süßungsmittel wie Stevia und Agavendicksaft, aber keines begeistert uns wirklich. Ein Süßungsmittel, das definitiv nicht vegan ist, weil von der Biene produziert, ist Honig. Wir verwenden ihn trotzdem, da die positiven Wirkungen, die im Honig stecken, einfach unübertroffen sind. Honig und sämtliche Bienenprodukte gehören außerdem zu den wichtigsten Superfoods. Wir verwenden ausschließlich Biohonig von einem uns befreundeten Imker. Er garantiert uns, dass sich die Bienen im Winter ausschließlich von ihrem eigenen Honig ernähren können. Das stärkt das Immunsystem der Biene, und es ist keinerlei Chemie erforderlich. Wer also Honig verwenden will, der sollte sich auf die Suche nach einem ehrlichen Bioimker machen.

Weitere von uns verwendete Süßungsmittel sind selbst hergestellter Dattel- und Rosinensirup, Apfeldicksaft und Kokosblütenzucker. Letzterer hat einen superniedrigen glykämischen Index von 25 – Zucker hat 70! Je höher der Wert, desto höher steigt der Blutzuckerspiegel. Zudem verwenden wir Reissirup, , mal nen hochwertigen Agavendicksaft oder Ahornsirup und Mus aus Trockenfrüchten. Dabei Rosinen oder Datteln in Hafermilch einlegen und am nächsten Tag pürieren.

EAKFAST

GANZ INDIVIDUELL

ISS, WAS DIR GUTTUT

Bestenfalls geht morgens, überall auf der Welt, die Sonne auf. Damit hören die morgendlichen Gemeinsamkeiten aber auch schon auf. Zumindest ab dem Moment, in dem man dem Spiegel im Bad den Rücken zuwendet, beginnt die erste Tagesstunde und sie ist eine höchst individuelle Angelegenheit. Die einen zieht es zur Espressomaschine, die anderen auf die Matte. Viele Yogis stehen morgens eine halbe, eine ganze oder gar zwei Stunden früher auf, um die erste Zeit des Tages auf der Yogamatte zu verbringen.

Während andere Frühmorgenmenschen sich also am Tisch einfinden oder am Bananenblatt oder noch mal im Bett; während sie Brotscheiben vom Laib säbeln oder Brei löffeln, Müsli schlabbern, Obst schnitzeln oder Croissants ins Bett bröseln, macht sich der Yogi erst mal geschmeidig. Aber welche Übungsform er auch gewählt hat: Asanas machen Appetit, und nach der Praxis stellt sich Hunger ein.

Gerade das Frühstück als erste Mahlzeit des Tages sollte nicht nur unseren Bauch füllen, sondern auch unsere Seele nähren. Doch selbst um diese Uhrzeit gibt es schon ca. 108.000 verschiedene Ernährungsphilosophien und dementsprechend viele Möglichkeiten, Körper und Geist ein optimales Morning-Input zu verpassen.

Wir lieben unser Frühstück. Da wird der Freestyle zum Frühstyle, denn mal ist es warm, mal kalt, mal deftig oder raw. Manchmal ist es süß oder einfach nur flüssig geshaked, gemixt, püriert – freestyle eben. Die Intensität der vorausgegangenen Praxis gibt den Grundton an, was es zum Frühstück geben soll. War die Matten-Action sehr fordernd, braucht man eher etwas Deftiges, und dann darf es auch mal ein bisschen mehr davon sein. War sie eher ruhig und entspannt, reicht ein Smoothie oder Shake völlig aus. Aber auch der Monkey Mind mit seinen Wünschen und Gelüsten will frühstücken und entscheidet mit.

Warmen Porridge bevorzugen wir im Winter, um das Verdauungsfeuer anzuheizen. Im Sommer ist es breimäßig eher der Frischkornbrei. Eine Misosuppe am Morgen can be so Rock 'n' Roll, Gemüse- oder Misobrühe ist bei uns aber eher ein Herbst-Winter-Ding. Gebratener Reis kommt auch mal gut im Sommer. Shakes und Smoothies gehen immer und gehören zum festen Bestandteil unseres Yogi-Breakfast. Du siehst, wir gehen ziemlich undogmatisch damit um – iss so, wie es dir guttut.

wow
wow
wow

GET YOUR FRIKON (FRISCHKORNBREI)

ZUTATEN

» 8 EL Getreide
  (6-Korn-Mischung: Nackthafer,
  Weizen, Roggen, Gerste, Dinkel, Hirse)
» 1 Apfel
» 1 reife Banane
» 2–3 EL gehackte Mandeln
» verschiedene Samen
  (z.B. Leinsamen, Sesam, Sonnenblumenkerne)
» 4 EL Kokosmilch; alternativ:
  Mandelmilch oder Hafer Cuisine
» einige Rosinen zum Bestreuen

Am Abend vorher das Getreide mit einer Getreide- oder Kaffeemühle schroten. Mit 200 Milliliter kaltem Leitungswasser aufgießen und zu einem Brei verrühren. Gerade so viel Wasser aufgießen, dass das Getreide damit bedeckt ist. Über Nacht abgedeckt quellen lassen.

Am nächsten Morgen Apfel waschen, entkernen und reiben. Banane schälen und mit einer Gabel zerdrücken. Mit Mandeln und Samen zum Getreidebrei geben und verrühren. Zum Schluss je nach gewünschter Konsistenz Kokos- oder Mandelmilch bzw. Hafer Cuisine unterrühren und mit Rosinen bestreuen.

PINKI-TIPPS

» Getreide nur grob schroten, so hat das Müsli noch Biss. Nicht auf Vorrat mahlen – da gehen zu viele Nährstoffe verloren.
» Sei experimentierfreudig: Probier's auch mit anderem Frischobst, anderen Nüssen und veganen Milchsorten.
» Indisch gestylt: mit Kardamom und Zimt würzen.
» Marokkanisch gestylt: Mandeln, Orangenabrieb, Zimt, Rosinen und Datteln beimischen.
» Bärenstyle: Himbeeren, Blaubeeren, Erdbeeren dazugeben und eventuell Rosinensirup zum Süßen verwenden.
» In Kokosöl angeröstete Nüsse und Trockenfrüchte verleihen dem Frischkornbrei eine ganz besondere Geschmacksnote, allerdings ist er dann nicht mehr raw. Schmeckt aber wunderbaw.

PINKIPEDIA

Niemals Zucker dazugeben, auch keinen Vollrohrrohzucker. Das könnte Bauchschmerzen verursachen.

Durch das Einweichen wird das Getreide nicht nur weich und kaubar, es entstehen auch wertvolle Enzyme, die für eine gute Verwertung im Organismus wichtig sind. Hafer sollte nicht zu lange eingeweicht werden, da er oft bitter wird; 2 Stunden reichen völlig aus.

AUG · 57 ·

Ein Trend, der Sinn ergibt, nicht nur für Briten! Porridge ist magenfreundlich, vitaminspendend, ballast- und mineralstoffreich, eiweißhaltig – und er gibt über geraume Zeit ein gutes Sättigungsgefühl.

ZUTATEN

- » 5 getrocknete Datteln
- » ½ Vanilleschote
- » 2 EL Kokosöl
- » 100 g Haferflocken
- » 50 g gehackte Mandeln
- » 20 g Sesam
- » ½ l Mandel- oder Reismilch
- » 1 Prise Salz
- » 1 Zimtstange
- » 1 Banane
- » 1 Apfel
- » Zimtpulver
- » Kokosblütenzucker

Datteln klein schneiden, aus der Vanilleschote das Mark herauskratzen. Das Kokosöl erhitzen und Haferflocken, Mandeln, Datteln sowie zuletzt den Sesam dazugeben. So lange anbraten, bis die Mischung zu duften beginnt und die Zutaten eine leichte Bräunung bekommen. Achtung: Haferflocken brennen schnell an! Mit Mandel- oder Reismilch ablöschen, Vanillemark, Salz und Zimtstange dazugeben und anschließend alles bei geringer Hitze 15 Minuten köcheln lassen.

In der Zwischenzeit die Banane schälen und mit einer Gabel zerdrücken. Den Apfel waschen, entkernen und reiben. Das Obst unter den Porridge rühren und alles nochmals 5 Minuten köcheln lassen. Die Zimtstange entfernen, den Porridge in Schüsseln füllen und nach Belieben mit Zimt und Kokosblütenzucker bestreuen.

PINKI-TIPP

Je nach Saison mit frisch geschnittenem Obst oder Obstsalat genießen. Der Ami in uns tut auch manchmal heimlich Kakaonibs und Ahornsirup mit rein.

PORRIDGE

MISOSUPPE MIT GEMÜSEEINLAGE

Yeah Yeah Yeah

ZUTATEN

- » 1 kleine Karotte
- » 1 Frühlingszwiebel
- » 4 Champignons
- » 1 TL Sesamöl
- » ½ l Gemüsebrühe,
  am besten aus eigener Herstellung
- » 1 TL helle Misopaste
- » ½ TL dunkle Misopaste
- » 1 Noriblatt
- » 1 Wagame-Alge;
  alternativ: Rotalge oder Meeresspaghetti
- » 1 TL Tamari (Sojasauce)

Karotte waschen, putzen und in dünne Streifen schneiden. Frühlingszwiebel waschen, putzen und in feine Ringe schneiden. Champignons putzen, in dünne Scheiben schneiden. Das Sesamöl erhitzen und die Champignons nur ganz kurz darin anbraten. Alles beiseitestellen.

Die Gemüsebrühe erhitzen und beide Misopasten hineingeben. Mit dem Schneebesen verrühren, dabei – wichtig!! – nicht mehr aufkochen. Noriblatt und Alge klein schneiden und mit der Sojasauce in die Brühe geben. Kurz darin ziehen lassen. Das beiseitegestellte Gemüse auf Suppenschalen verteilen und mit der heißen Misobrühe übergießen.

PINKI-TIPP

Ein Schuss Dashi (japanisch für »Brühe«, Basis jeder japanischen Suppe) verleiht der Misobrühe den Kick! Dashi wird eigentlich aus Bonito (Thunfischflocken) und Kombu-Alge hergestellt. Wir bleiben vegan und ersetzen Bonito durch Shiitakepilze. Dafür 1 Handvoll getrocknete Shiitakepilze und 1 Blatt Kombu-Alge mit ½ Liter Wasser übergießen und über Nacht einweichen. Am nächsten Tag alles zusammen etwa 30 Minuten bei ca. 60 °C erhitzen. Durch ein Sieb gießen und einen guten Schuss davon in die Misobrühe geben.

PINKIPEDIA

Bei der Misoherstellung werden meist Sojabohnen mit Getreide oder Reis vermischt und anschließend in Zedernholzfässern durch die Beigabe von Koji (Hefepilz) und Salz über Monate oder Jahre vergoren. Je dunkler die Paste, desto intensiver der Geschmack. Die dabei entstehenden Milchsäurebakterien sind ein guter Baustein für die Darmflora.

BALI GORENG

ZUTATEN

» 1 Tasse brauner Reis
» 2 Kaffir-Limettenblätter
» 1 Frühlingszwiebel
» 1 Karotte
» ½ Salatgurke
» 2 EL ungesalzene Erdnüsse
» 1 EL Kokosmus
» 2 EL Hanfsamen
» Tamari (Sojasauce) zum Abschmecken

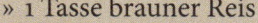

GLUTEN-FREI

Reis mit 1½ Tassen Wasser in einen Topf geben und gar kochen.

In der Zwischenzeit Kaffir-Limettenblätter in Streifen schneiden. Frühlingszwiebel waschen, putzen und ebenfalls in Streifen schneiden. Karotte waschen, putzen und grob raspeln. Gurke waschen, putzen und in kleine Würfel schneiden. Erdnüsse hacken.

Kokosmus und Kaffir-Limettenblätterstreifen unter den heißen Reis mischen, 1 Esslöffel Erdnüsse sowie die Hanfsamen unterheben und mit Tamari abschmecken. Kurz vor dem Servieren das Gemüse untermischen und das Bali Goreng mit den restlichen Erdnüssen bestreuen. So bleibt alles schön fresh und crunchy.

PINKI-TIPPS

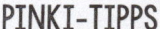

Kaffir-Limettenblätter bekommt man selten oder gar nicht in Bioqualität. Schade! Wer Bio-Hardliner ist, kann alternativ Limettenabrieb nehmen. Schmeckt natürlich anders, aber liefert auch den zitrusfrischen Geschmack.

Die Investition in einen Reiskocher lohnt sich – damit gelingt der Reis immer.

STORY IN PINK

Nach der Yogapraxis bei Heather Radha Duplex und Anthony Prem Carlisi in Ubud bei mindestens 120 Prozent Luftfeuchtigkeit freuten wir uns wie kleine Kinder auf unsere tägliche Portion gebratenen Reis zum Frühstück. Er ist nahrhaft und deftig, aber vor allem verdammt gut! Seitdem gibt es dieses Gericht bei uns immer wieder als Frühstück. Das Schönste dabei ist: Wir werden gedanklich sofort nach Bali gebeamt. Urlaub zum Frühstück – what a way to start the day!

»JA, ES GIBT REIS ZUM FRÜHSTÜCK«

GLUTEN-FREI

» 1 Tasse brauner Reis
» 1 Apfel
» 6–8 Curryblätter
» Salz
» 2 TL Masala bzw. Lieblings-Currymischung
» 1 EL Mandelmus
» 2 Handvoll Cashewkerne

Reis mit 1½ Tassen Wasser in einen Topf geben und gar kochen. In der Zwischenzeit Apfel waschen, entkernen und in Würfel schneiden.

Die Curryblätter unter den fertigen heißen Reis mischen und die Mischung zugedeckt noch 2 bis 3 Minuten ziehen lassen. Anschließend mit Salz würzen und den Reis mit Masala, Mandelmus sowie Cashewkernen vermengen. Ganz zum Schluss die Apfelwürfel dazugeben. Die Curryblätter kann man mitessen, muss man aber nicht.

PINKI-TIPP

Wir gönnen uns Nüsse in Rohkostqualität und rösten diese dann natürlich auch nicht an, da sie sonst ihre Rohkostqualität verlieren. Wer sich diesen gesunden Luxus nicht leisten mag, kann die Nüsse auch anrösten. Gibt einen guten Geschmack.

MORNING DARLINGS

ZUTATEN

- » 1 kleines Bund glatte Petersilie
- » 1 Frühlingszwiebel
- » 150 g Champignons oder Egerlinge
- » Öl für die Muffinform
- » 6 Scheiben Vollkorntoastbrot
- » Olivenöl zum Anbraten
- » 1 EL Aceto balsamico bianco; bei asiatischen Pilzen alternativ: Reisessig
- » 50 g Babyspinat
- » 1 Prise Muskatnuss, frisch gerieben
- » 3 EL Hafer Cuisine
- » Salz
- » schwarzer Pfeffer aus der Mühle
- » 1 EL Schnittlauchröllchen

PINKI-TIPP

Die Füllungen könnt ihr nach Belieben variieren. Manche wird vielleicht Kult!!! Und manche niemals-undnimmermehr noch mal gemischt.

STORY IN PINK

Wir haben den weltbesten Teigroller von Heather's Mutter bekommen. Der ist etwa 50 Jahre alt. Der Clou: Das Ding hat ein Kugellager und rollt dadurch sowas von (irre ab)!

Backofen auf 180 °C vorheizen. Petersilie waschen und trockenschütteln. Die Blätter von den Stängeln zupfen und hacken. Frühlingszwiebel waschen, putzen und in feine Ringe schneiden. Champignons oder Egerlinge putzen und in Scheiben schneiden.

Eine Muffinform für 6 große Muffins mit Öl einfetten. Die Toastscheiben mit einem Teigroller platt walzen und anschließend vorsichtig in die Muffinmulden falten. Etwas Olivenöl erhitzen und die Pilze darin anbraten. Mit wenig Essig ablöschen. Spinat, Frühlingszwiebelringe, Petersilie, Muskatnuss und Hafer Cuisine dazugeben und alles gut vermengen. Mit Salz und Pfeffer würzen.

Pilz-Spinat-Mischung in die Toastmuffins geben und etwa 15 Minuten im Ofen backen (aber hab' ein Auge drauf!). Anschließend Toastmuffins auf eine schöne (ja! SCHÖNE) Platte legen und mit Schnittlauchröllchen bestreuen. Voilà: Angeberfrühstück fertig.

HANUMAN-SHAKE

Ja, wir haben den Shake nach dem Affengott Hanuman benannt.

Ja, wegen der Bananen.

Nein, wir finden das nicht blasphemisch.

Hallo? … Hanuman werden Siddhis (magische Kräfte) nachgesagt. Er ist schnell wie der Wind, unglaublich stark und kann durch die Luft fliegen.

So ähnlich geht es euch mit diesem Shake. Fast.

Die Spirulina-Presslinge mit Wasser bedecken und über Nacht einweichen. Die Datteln ebenfalls über Nacht in Wasser einweichen.

Am nächsten Morgen Avocado schälen und das Fruchtfleisch vom Kern lösen. Banane ebenfalls schälen und grob zerkleinern. Spirulina-Presslinge oder Spirulina-Pulver, Datteln, Avocado und Banane mit Hafer-, Reis- oder Nussmilch im Mixer zu einem Shake mixen.

ZUTATEN

» 2 Spirulina-Presslinge;
alternativ: 1 EL Spirulina-Pulver
» 2 getrocknete Datteln
» 1 Avocado
» 1 möglichst reife Banane
» ½ l Hafer-, Reis- oder Nussmilch

PINKIPEDIA

Hanuman, der Affengott, ist unter anderem der Gott der Gelehrsamkeit und die Schutzgottheit der Dörfer.

PINKI-TIPP

Die Avocado hat einen hohen Fettgehalt von rund 25 Prozent, der als gesund gilt, da er hauptsächlich aus ungesättigten Fettsäuren besteht. Das wirkt sich günstig auf den Cholesterinspiegel aus. Außerdem enthält sie reichlich B-Vitamine sowie die Vitamine A und E. Und aufgemerkt: Die Avocado macht auch noch glücklich, denn sie enthält das Glückshormon Serotonin!

«PSSST»

RAW

Super Food

«PSSST»

MACA MANGO POWER

ZUTATEN

» 2 getrocknete Datteln
» 1 reife Mango
» 1–2 EL Maca-Pulver
» 2 EL Mandelmus
» 400 ml Hafer- oder Reismilch

Die Datteln über Nacht wässern.

Am nächsten Morgen die Mango schälen und das Fruchtfleisch vom Kern schneiden. Mit Datteln, Maca-Pulver, Mandelmus und Hafer- oder Reismilch im Mixer zu einem Shake mixen. Oder: Alles in den Mixie, wie man in Indien sagt. Fertig.

PINKI-TIPP

Mit Maca muss man experimentieren, der Geschmack kann variieren. Manchmal ist er stark, manchmal weniger säuerlich. Auch wie man auf die Wirkung reagiert, ist unterschiedlich. Aber mehr als 1 Esslöffel pro Person können wir nicht empfehlen.

PINKIPEDIA

Maca wird seit etwa 2000 Jahren in den peruanischen Anden angebaut und gilt als Nahrungs- und Heilpflanze. Man sagt ihr positive Effekte auf die körperliche Fitness und die psychische Belastbarkeit sowie eine Steigerung der sexuellen Lust nach und spricht ihr eine Stärkung des Immunsystems zu. Weiter soll sie Depressionen und chronischer Müdigkeit entgegenwirken. Das Pulver wird aus der getrockneten Wurzel hergestellt.

GO GO GOJI – DAS VITAMINWUNDER

ZUTATEN

- » 2 EL getrocknete Gojibeeren
- » 2 getrocknete Feigen
- » 2 getrocknete Datteln
- » 1 Apfel, nö, nicht getrocknet

PINKI-TIPP

Wenn du einen Hochleistungsmixer verwendest, musst du die Trockenfrüchte nicht unbedingt vorher einweichen.

PINKIPEDIA

Die Trockenfrüchte in ½ Liter Wasser über Nacht einweichen.

Am nächsten Morgen den Apfel waschen, entkernen und in Stücke schneiden. Mit den eingeweichten Trockenfrüchten und dem Einweichwasser im Mixer fein pürieren.

Gojibeeren werden auch als kleine rote Wunderfrüchte bezeichnet. Sie stärken das Immunsystem, erhöhen die Leistungsfähigkeit der Muskulatur, fördern die Gesundheit der Augen und helfen bei der Regulation der Darmflora. Schon 50 Gramm Gojibeeren decken den täglichen Eisenbedarf, enthalten viel Vitamin A (Betacarotin), Vitamin C und E sowie alle essenziellen Aminosäuren.

Die Gojibeeren gehören zu den Top 10 der Superfoods. Kaum ein Lebensmittel enthält so viele Vitamine, Antioxidanzien und Nährstoffe. Neben den positiven Effekten auf Muskulatur, Immunsystem und Darmflora versorgen sie Augen und Nervensystem mit Lutein und Zeaxanthin – und das sind nur einige Wirkungen der roten Wunderbeere.

MANDELMILCH

ZUTATEN

» 100 g geschälte Mandeln
» 1 Vanilleschote
» 1–2 EL Agavendicksaft

Die Mandeln mit Wasser übergießen und über Nacht einweichen.

Am nächsten Morgen die eingeweichten Mandeln abgießen und mit frischem Wasser abspülen. Die Vanilleschote längs aufschneiden und das Mark herauskratzen. Mandeln, Vanillemark und Agavendicksaft mit ½ Liter Wasser in den Mixer geben und fein pürieren. Anschließend durch ein Mulltuch passieren – fertig!

PINKI-TIPPS

Natürlich kannst du die Mandelmilch auch ohne die Mulltuchaktion trinken – dann ist sie eben etwas dicker.

Wenn du das Wasser beim Mixen weglässt und die Mandelmasse anschließend gut ausdrückst und trocknen lässt, erhältst du ein prima glutenfreies Mandelmehl. Das kannst du gut zum Backen z.B. für Rohkostkekse verwenden.

PINKIPEDIA

Mandeln enthalten Magnesium, Kalzium, Kupfer, die Vitamine B1 und B2, Vitamin E und wertvolles Eiweiß.

RAW

Super Food

yeah yeah

WATERMELON RUSH

ZUTATEN

RAW

» ½ fußballgroße Wassermelone
» 10 Minzblätter
» Agavendicksaft (für die, denen es nicht so schon süß genug ist)

Die Wassermelone schälen und in grobe Stücke schneiden. Dabei nach Möglichkeit alle Kerne entfernen. Minzblätter waschen und mit den Wassermelonenstücken sowie nach Belieben dem Agavendicksaft in den Mixer geben. Mixer an, Mixer aus, fertig.

PINKI-TIPP

Im Sommer – und Wassermelonen gibt's nun mal im Sommer – Eiswürfel mit in den Mixer geben.

PINKI-PLAUDEREI

Die Wassermelone enthält richtig viel Wasser und sonst nix. Na ja, ganz so ist es natürlich auch wieder nicht. Die Fruchtfasern enthalten Vitamin C und A. Das Besondere an ihr: Sie hat kaum Kalorien. Und sie gehört zum Sommer einfach dazu, genauso wie die Sonne.

ORANGE TUMERIC TONIC

ZUTATEN

» 1 cm frische Kurkumawurzel; alternativ: ½ TL gemahlene Kurkuma
» Saft von 1 Zitrone, frisch gepresst
» 2 EL Kokosblütensirup
» Saft von 5 Orangen, frisch gepresst, ca. 400 ml

Die Kurkumaschale lässt sich gut mit einem Messerrücken abkratzen. Kurkuma fein reiben, mit Zitronensaft und Kokosblütensirup vermischen und auf 2 Gläser verteilen. Mit Orangensaft auffüllen.

Für die Fast-Drink-Variante einfach alles in den Hochgeschwindigkeitsmixer geben und mixen.

PINKIPEDIA

Kurkuma wirkt entgiftend, krebshemmend und anregend auf die Magensaftproduktion. Die Zitrusfrüchte enthalten Vitamin C und wirken kühlend. Deshalb diesen Drink besser im Sommer mixen und natürlich auch im Sommer trinken. Aus der Kombi von Vitamin C und der kühlenden Wirkung der Zitrusfrüchte ergibt sich allerdings das »Orangendilemma«: Denn wann sind die Ladenregale in Deutschland voller frischer Zitrusfrüchte? Richtig: im Winter! Und das ist auch gut so, denn dann soll uns ihr Vitamin C ja auch vor Erkältungskrankheiten schützen. Gut, dann ess ich doch schön regelmäßig meine Orangen und Mandarinen – doch schwuppdiwupp liege ich trotzdem mit Schnupfen und dem ganzen Kram im Bett. Ursache dafür ist möglicherweise die kühlende Wirkung der Zitrusfrucht, die das Immunsystem schwächen kann. Ab und zu mal 'ne Orange und Mandarine essen ist natürlich absolut okay. Schmecken ja auch echt gut, die orangenen Früchtchen.

STORY IN PINK

Dieses Rezept haben wir in Ubud (Bali) von einer alten Heilerin erhalten. Dort herrschten gerade 32 °C. Schräg gegenüber vom Bali Buddha, sagte man uns, sei eine Ayurvedaheilerin. Sie schaut dir in Mund und Augen, klopft an Brustkorb und Knie. Danach sagt sie dir, was Sache ist. Klar, da mussten wir natürlich hin. Und es lief auch alles fast genau so ab, Klopfen und Schauen. Ein winziger Laden mit zwei alten Tischen und zwei ebenso alten Stühlen. Es gab eine Küche (oder so was Ähnliches) und eine Toilette, beides in einem Raum. In dieser Küche saßen sich drei Balinesen, mit ihren Füßen auf den Schneidebrettern, gegenüber und schnibbelten, was das Zeug hielt. Recht appetitlich sah das Ganze nicht aus. Neben den Behandlungen sollte es dort sehr gutes ayurvedisches Essen geben. Hmm, ja ... wir hatten schon gegessen.

Was wir von der Heilerin bekommen haben: eine extrem abführende Heilerde und diesen Drink, den sie uns direkt an unserem Tisch zubereitete. Wir fanden den Drink wunderbar. Er bestand aus geriebener Kurkuma, Zitronensaft und Honig von einem Heiler aus den umliegenden Bergen. Heiliger-Höhen-Honig, wuhuuuuuu!

Nach dem Gesundheitscocktail hatten wir es dann doch recht eilig, nach Hause zu kommen. Ihr wisst schon: die Heilerde von vorhin.

BRAM STOKER'S BREAKFAST

ZUTATEN

» 1 kleine Rote Bete
» ½ Ananas
» 10 Basilikumblätter
» Agavendicksaft nach Belieben

Rote Bete schälen und grob würfeln. Ananas ebenfalls schälen, vom Strunk befreien und grob würfeln. Basilikumblätter waschen. Rote Bete, Ananas, Basilikum und nach Belieben etwas Agavendicksaft mit 400 Milliliter Wasser in einen Mixer geben und dann: Mix it! Schon allein wegen der Farbe muss man das Zeug lieben!

PINKIPEDIA

Über die Ananas könnte man auch viele Seiten schreiben: über Geschichten, Mythen und natürlich über ihre Vitamine und Heilwirkungen. Hier nur einige wenige Merkmale und Mineralien und ihre positiven Eigenschaften: Die Ananas enthält unter anderem Kalzium, Kalium, Mangan, Phosphor, Eisen, Jod und Zink. Sie ist ein Stimmungsaufheller und hilft bei Übersäuerung.

KEEPIN' IT CLASSIC GREEN SMOOTHIE

ZUTATEN

» 3–4 getrocknete Datteln
» 250 g Feldsalat
» 1 Birne

Die Datteln über Nacht wässern.

Am nächsten Morgen den Feldsalat verlesen und waschen. Die Birne waschen, entkernen und in grobe Stücke schneiden. Datteln, Feldsalat und Birnenstücke mit ½ Liter Wasser in den Mixer geben und mixen. Das war's – fertig ist der Pinki-Klassiker.

PINKIPEDIA

Feldsalat wirkt appetitanregend und ist gut für den Magen. Er enthält die Vitamine C, B6 und E, viel Betacarotin, Eisen und außerdem Folsäure, Kalium und Kalzium sowie in geringen Mengen Magnesium, Phosphor, Kupfer und Zink. Die Wurzeln und Blätter enthalten ätherisches Baldrianöl, das beruhigend auf den Magen wirkt und einen schlaffördernden Effekt hat. Wer also nach dem Üben noch mal schlafen will – Cheers!

BUNNY BREAKFAST

ZUTATEN

» 2–3 getrocknete Datteln
» 1 Apfel
» 5 Kohlrabiblätter

Die Datteln über Nacht wässern. Am nächsten Morgen den Apfel schälen, entkernen und in grobe Stücke schneiden. Kohlrabiblätter waschen. ½ Liter Wasser abmessen und dann … Dreimal dürft ihr raten. Kleiner Tipp: Hat mit einem Mixer zu tun.

PINKI-TIPP

Für den sommerlichen Twist empfehlen wir: Erdbeeren dazugeben.

PINKIPEDIA

Kohlrabiblätter enthalten im Vergleich zur Knolle doppelt so viel Vitamin C, zehnmal so viel Kalzium und Eisen und 100-mal so viel Betacarotin.

STORY IN PINK

Neulich am Marktstand. Eine Frau kauft vor uns ein.
MARKTFRAU: Soll ich Ihnen die Blätter vom Kohlrabi gleich wegmachen?
FRAU: Ja bitte, ich hab keine Hasen.
PINKI: Die nehmen wir, wir haben zwar auch keine Hasen, aber einen Vogel.

CUCUMBER COOLER

ZUTATEN

» ½ Salatgurke
» 2 Handvoll süße Trauben
» 1 kleine Handvoll Zitronenmelisse
» Agavendicksaft nach Belieben

Gurke schälen und in grobe Stücke schneiden. Trauben und Zitronenmelisse waschen. 300 Milliliter Wasser abmessen. Und dann: Mixer, mehr sagen wir nicht.

PINKI-TIPP

Gib mal ein paar Blätter Thai-Basilikum mit rein. HAMMER!

YOGI ON T

HE ROAD

YOGAPOWER-ROADFOOD!

Während unserer vierjährigen Yogalehrerausbildung waren wir in Deutschland auf zahlreichen Seminaren in verschiedenen Städten unterwegs. Nach der Morgen-Session mit Asana und Pranayama kommt irgendwann die Pause und mit ihr kommen Appetit und Hunger. Dann zieht man los und findet auf die Schnelle erst mal vor allem Fast Food! Burger, Döner, belegte Semmeln, Leberkäse, Weißwürste, Currywurst, Bratwurst. Uns war dieses Angebot alles andere als wurst! Uns war es Anlass, eine eigene Yogi-Lunchbox zusammenzustellen. Seitdem sind wir mit Kocher und Töpfchen, Reis und Linsen, Gewürzen und Gemüse unterwegs. Das Resultat: supergutes Essen, leicht verdaulich, energiespendend!

WOW

wow
wow
wow

FÜR JEDE GELEGENHEIT

Obwohl es uns gefällt, nach zehn Stunden Yogaseminar noch den Kochtopf auszupacken und Gemüse zu schnippeln – jedermanns Sache ist das nicht. Einfacher und bequemer wird es, wenn man sich vorher ein bisschen Zeit nimmt und zu Hause die Lunchbox fürs Wochenende vorbereitet.

Selbstverständlich sollen diese Rezepte auch Inspiration sein: für die Mittagspause im Büro, für das Picknick nach dem Üben im Stadtpark, für das Picknick am See mit und ohne Yogapraxis – oder wenn man einfach Lust auf einen guten, gesunden Snack hat, der gern auch als komplette Mahlzeit durchgeht.

Ach ja, noch was: Vermiest den Kollegen ihren Leberkäse nicht. Vermeidet Überheblichkeit den Menschen gegenüber, die sich anders ernähren. Man ist nicht automatisch ein besserer Mensch, nur weil man sich bewusster ernährt. Man ist ja auch kein besserer Yogi, bloß weil man einen perfekten Kopfstand hinkriegt.

AUG · 57

HOLY GUACAMOLE

ZUTATEN

» 2 Avocados
» Saft von ¼ Zitrone, frisch gepresst
» einige Tropfen Sesamöl geröstet
» Salz
» schwarzer Pfeffer aus der Mühle
» 1 Handvoll Granatapfelkerne

Avocados schälen, das Fruchtfleisch vom Kern lösen und nach Gusto zermatschen – stückig oder richtig cremig, you decide! Mit Zitronensaft, Sesamöl, Salz und Pfeffer vermischen und zum Schluss die Granatapfelkerne unterrühren.

PINKI-TIPP

Den Kern der Avocado im Dip liegen lassen, dann wird er nicht so schnell braun.

PINKIPEDIA

Warum »holy« Guacamole? Vom Granatapfel wird in vielen Religionen berichtet. Er soll genauso viele Kerne haben wie das Alte Testament Gesetze, also exakt 613. Wir haben nicht – noch nicht – nachgezählt. Auf alle Fälle hat der Granatapfel viele Vitamine und Antioxidanzien, und das Zeug brauchen wir nun mal.

In der griechischen Mythologie wird der Granatapfel den Göttern der Unterwelt zugeschrieben. Im Judentum steht er symbolisch für Regeneration und Fruchtbarkeit. Im Buddhismus ist er als eine der drei gesegneten Früchte bekannt. Auch im Koran wird die Frucht erwähnt. Darum also »holy«! Und es spricht sich einfach unglaublich gut. Sag es! Sag es laut! Guacamole, HOLY GUACAMOLE!

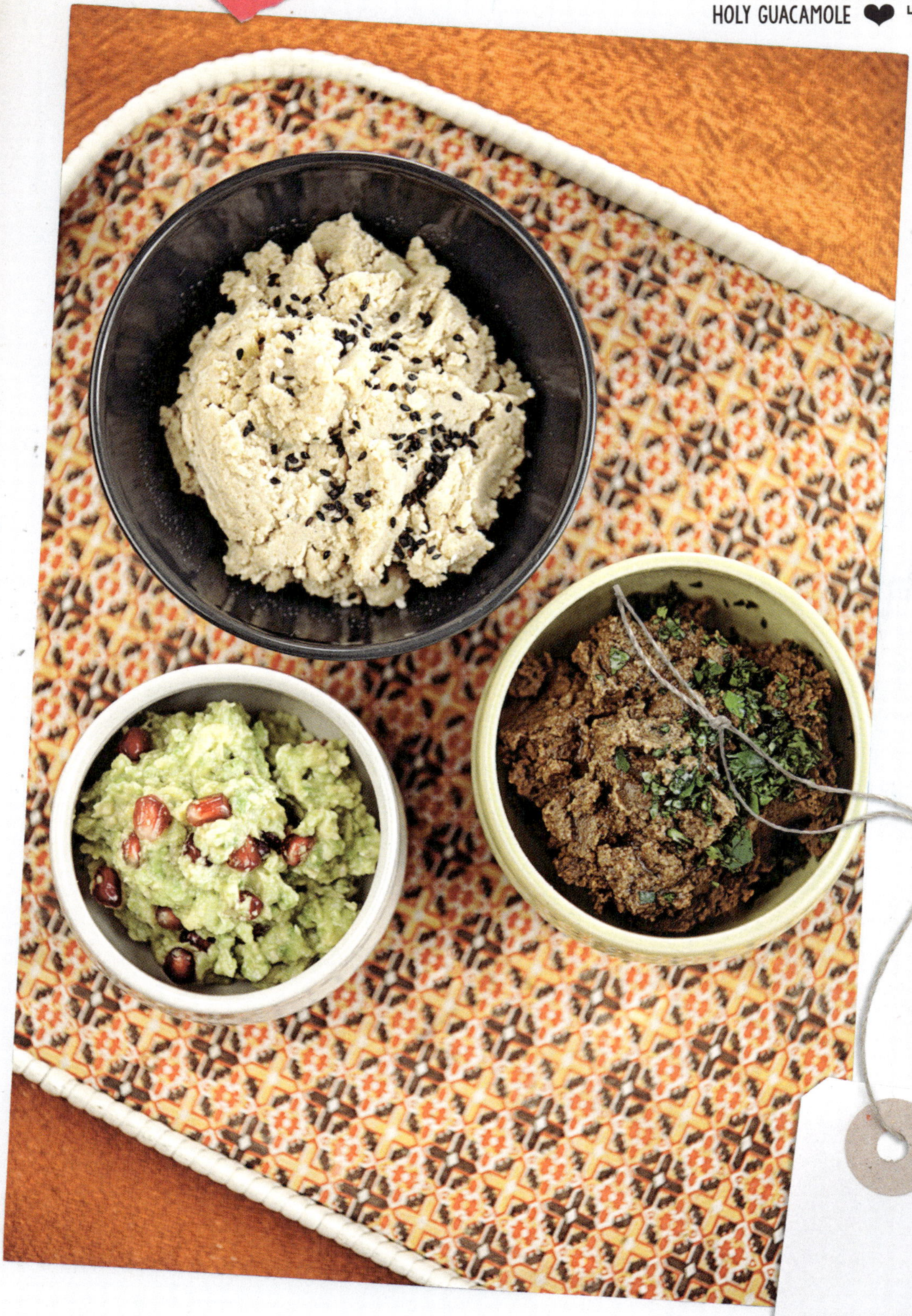

KARTOFFEL-TAHIN-AUFSTRICH

ZUTATEN

» 350 g vorwiegend festkochende Kartoffeln
» 1 TL gemahlener Koriander
» 1 TL gemahlener Kreuzkümmel (Cumin)
» 2 EL Sesamöl geröstet
» 3 EL Sonnenblumenöl
» 3 EL Tahin (Sesampaste)
» Saft von ½ Limette, frisch gepresst
» 1 Handvoll Korianderblätter

Bild Seite 48

Die Kartoffeln schälen, in wenig Wasser gar kochen, abgießen und mit einer Gabel oder einem Kartoffelstampfer zu Püree verarbeiten. Korianderpulver, Kreuzkümmel, Sesam- und Sonnenblumenöl, Tahin sowie Limettensaft zum Kartoffelpüree geben und alles gut vermengen. Zum Schluss die Korianderblätter waschen, hacken und über den Kartoffel-Tahin-Aufstrich streuen.

PINKI-TIPP

Kartoffeln bloß nicht in den Mixer, sonst gibt es Kleister.

STORY IN PINK

Dieses Rezept ist aus der Not heraus geboren. Es musste ein Aufstrich her, aber außer ein paar Kartoffeln war fast nichts mehr da. Dieser einfache und ziemlich schnelle Aufstrich funktioniert gut mit Zutaten, die man meist sowieso zu Hause hat. Er ist perfekt für die dreivierfünf Kartoffeln im Kartoffelsack, die aus unerfindlichen Gründen immer übrig bleiben, aber für eine richtige Mahlzeit nie genug sind.

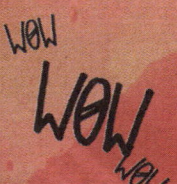

wow
wow
wow

AMIGO BEAN DIP

ZUTATEN

- » 100 g Adzukibohnen
- » 1 TL gemahlener Kreuzkümmel (Cumin)
- » 1 TL gemahlener Koriander
- » 1 TL edelsüßes Paprikapulver
- » ½ TL geräuchertes Paprikapulver
- » Chilipulver nach Belieben
- » 1–2 EL Olivenöl
- » Saft von ½ Limette, frisch gepresst
- » Salz
- » schwarzer Pfeffer aus der Mühle
- » 1 Fleischtomate
- » 1 Handvoll Korianderblätter

Bild Seite 48

Die Adzukibohnen über Nacht in Wasser einweichen. Am nächsten Tag die Bohnen abgießen, abspülen, mit frischem Wasser in einen Topf geben und 45 Minuten kochen. Vorher nicht eingeweichte Bohnen brauchen 1½ Stunden Kochzeit. Gekochte Bohnen in ein Sieb abgießen, abtropfen lassen und anschließend pürieren. Kreuzkümmel, Korianderpulver, beide Paprikapulversorten, eventuell Chilipulver sowie Olivenöl und Limettensaft dazugeben und gut vermischen. Mit Salz und Pfeffer würzen. Zu guter Letzt die Fleischtomate waschen, von den Stielansätzen befreien und grob pürieren oder klein hacken. Korianderblätter waschen, hacken und mit der Tomate unter den Bean Dip rühren.

PINKIPEDIA

Keine Angst vor der Adzukibohne! Diese asiatische Bohnensorte ist leichter verdaulich als viele ihrer mitteleuropäischen Kolleginnen. Sie gilt sogar als die verdaulichste Bohne überhaupt. Traut euch ran an die kleine Eiweißbombe! Sie enthält 25 Prozent Proteine.

WHAT'S UP WASABI

ZUTATEN

- » 1 faustgroße Rote Bete
- » 3 EL Kokosraspel
- » 1 TL gemahlener Koriander
- » 1 EL Wasabi (wer mehr Wumms braucht, nehme mehr Wasabi)
- » Salz
- » 3 EL Hanfsamen

Rote Bete schälen und in grobe Stücke schneiden. Mit Kokosraspeln, Koriander und Wasabi im Mixie fein pürieren. Mit Salz würzen, Hanfsamen unterrühren – fertig.

PINKI-TIPPS

Wenn die Masse zu wässrig ist, mehr Hanfsamen dazugeben. Wir lassen die Bete roh. Mögen wir so. Flippo wegen der Folsäure, Heather wegen der Farbe.

PINKIPEDIA

Die Rote Bete gilt als eines der gesündesten Gemüse unseres Planeten. Hab ich neulich gelesen und als ziemlich cool empfunden. Sie enthält unter anderem Eisen und Folsäure; beides wirkt blutbildend. Da Folsäure und andere wertvolle Vitalstoffe hitzeempfindlich sind, empfehlen wir den rohen Verzehr. Pflanzliches Eisen verwertet unser Körper besser beim gleichzeitigen Verzehr von Vitamin C. Deshalb einfach 1 Glas Vitamin-C-haltigen Saft dazu genießen.

PEANUT OELEK

ZUTATEN

» 1 Chilischote
» 200 g geröstete Erdnüsse
» 5 Kaffir-Limettenblätter
» abgeriebene Schale von 1 Limette
» Fruchtfleisch von ½ Limette
» 1 EL Sesamöl geröstet
» 5 EL Sonnenblumenöl
» 1 EL Tamari (Sojasauce)
» ½ EL Süße, z.B. Honig (siehe S. 15) oder Agavendicksaft

Bild Seite 48

Chilischote waschen, längs aufschneiden, entkernen – wer es gern scharf mag, lässt die Kerne drin –
und grob zerkleinern. Mit den übrigen Zutaten sowie 100 Milliliter Wasser in den Mixer geben und
glatt pürieren.

OHHH SOOO CREAMY CASHEW CREAM CHEESE

ZUTATEN

» 100 g Cashewkerne,
  am besten in Rohkostqualität
» 200 ml Hafermilch
» Salz
» schwarzer Pfeffer aus der Mühle
» Saft von ½ Zitrone, frisch gepresst
» Kresse deiner Wahl

Die Cashewkerne über Nacht in etwas Wasser einweichen. Am nächsten Tag die Cashewkerne abgießen und mit Hafermilch, Salz, Pfeffer sowie der Hälfte des Zitronensafts in den Mixer geben und glatt pürieren. Zum Schluss die Kresse untermischen und nach Belieben noch ein bisschen Zitronensaft zugeben.

PINKI-TIPP

Hier gibt es natürlich endlose Variationen: frische Kräuter und Gewürze aller Art, klein geschnittene Ananas, gehackte Paprika, Olivenpaste … The list just goes on and on!

MANGOKETCHUP

ZUTATEN

- » 3–4 Schalotten oder 1 kleine Zwiebel
- » 1 cm frische Ingwerwurzel
- » ½ cm frische Kurkumawurzel; alternativ: ½ TL gemahlene Kurkuma
- » 1 Mango
- » 1 EL Sonnenblumenöl
- » 1 EL Currypulver
- » 5 EL passierte Tomaten
- » 3 EL Reisessig; alternativ: 2 EL von einem anderen hellen Essig, z.B. Apfelessig
- » 1–2 EL Kokosblütenzucker
- » Salz
- » 1 TL gemahlener Koriander

Schalotten oder Zwiebel abziehen und halbieren. Ingwer und Kurkuma schälen und in Scheiben schneiden. Mango schälen, das Fruchtfleisch vom Kern schneiden.

Das Öl erhitzen und die Schalotten- oder Zwiebelhälften darin anschwitzen. (Anschwitzen ist wichtig, das liest man auch oft in Rezepten. Was man nicht liest: Anschwitzen erzeugt ein ganz eigenes Geräusch!) Mango, Ingwer, Kurkuma und Currypulver dazugeben und kurz mit anschwitzen. Passierte Tomaten und Essig unterrühren und mit Zucker, Salz und Korianderpulver würzen. 5 Minuten leicht köcheln lassen. (Anschwitzen klingt anders, ne?) Das Ketchup abkühlen lassen und anschließend mit dem Stabmixer pürieren. (Tja, in der Küche gibt's manchmal ordentlich auf die Ohren!) Noch mal abschmecken.

PINKI-PLAUDEREI

Manche essen Ketchup zu allem, und bei diesem Ketchup können wir uns das auch sehr gut vorstellen. Wir essen das Ketchup z.B. zu den Morning Darlings (siehe S. 29) oder zum Bean Burger (siehe S. 106) und natürlich zu selbst gemachten Pommes (Rezept kommt im nächsten Buch).

STORY IN PINK

Wir widmen dieses Ketchup Nancy Gilgoff. Eine großartige Yogalehrerin. Sie lebt und unterrichtet auf Maui and she looooooooooves Ketchup. Schon immer.

PINKIPEDIA

Ingwer, Wurzel, korallenfömig. Gibt es in den Wurzelabteilungen gut sortierter Obst-und Gemüseläden und im Supermarkt. Wagt die Freundschaft mit Ingwer und räumt ihm ein Gastrecht in eurer Küche ein! Er wärmt und harmonisiert herum, man könnte meinen, dass er die Nähe zum Menschen sucht. Klugscheißer werden euch sagen, dass Ingwer keine Wurzel ist, sondern ein Rhizom. Whatever.

KÜRBISKERNPESTO

ZUTATEN

» 3–4 getrocknete Aprikosen
» 1 EL Kürbiskernöl
» 100 g Kürbiskerne
» 8 EL Sonnenblumenöl
» 1 EL getrockneter Rosmarin
» Chilipulver (müsst ihr selber wissen, wie viel)
» Salz

Die Aprikosen über Nacht in Wasser einweichen. Am nächsten Tag das Kürbiskernöl erhitzen und die Kürbsikerne darin anrösten. Anschließend in den Mixer geben und pürieren, dabei immer wieder Sonnenblumenöl zugießen. Eingeweichte Aprikosen, Rosmarin und Chilipulver zur Masse geben und weitermixen. Zum Schluss mit Salz würzen.

PINKI-TIPP

Das Kürbiskernpesto passt perfekt zu den Zucchinispaghetti (siehe S. 84).

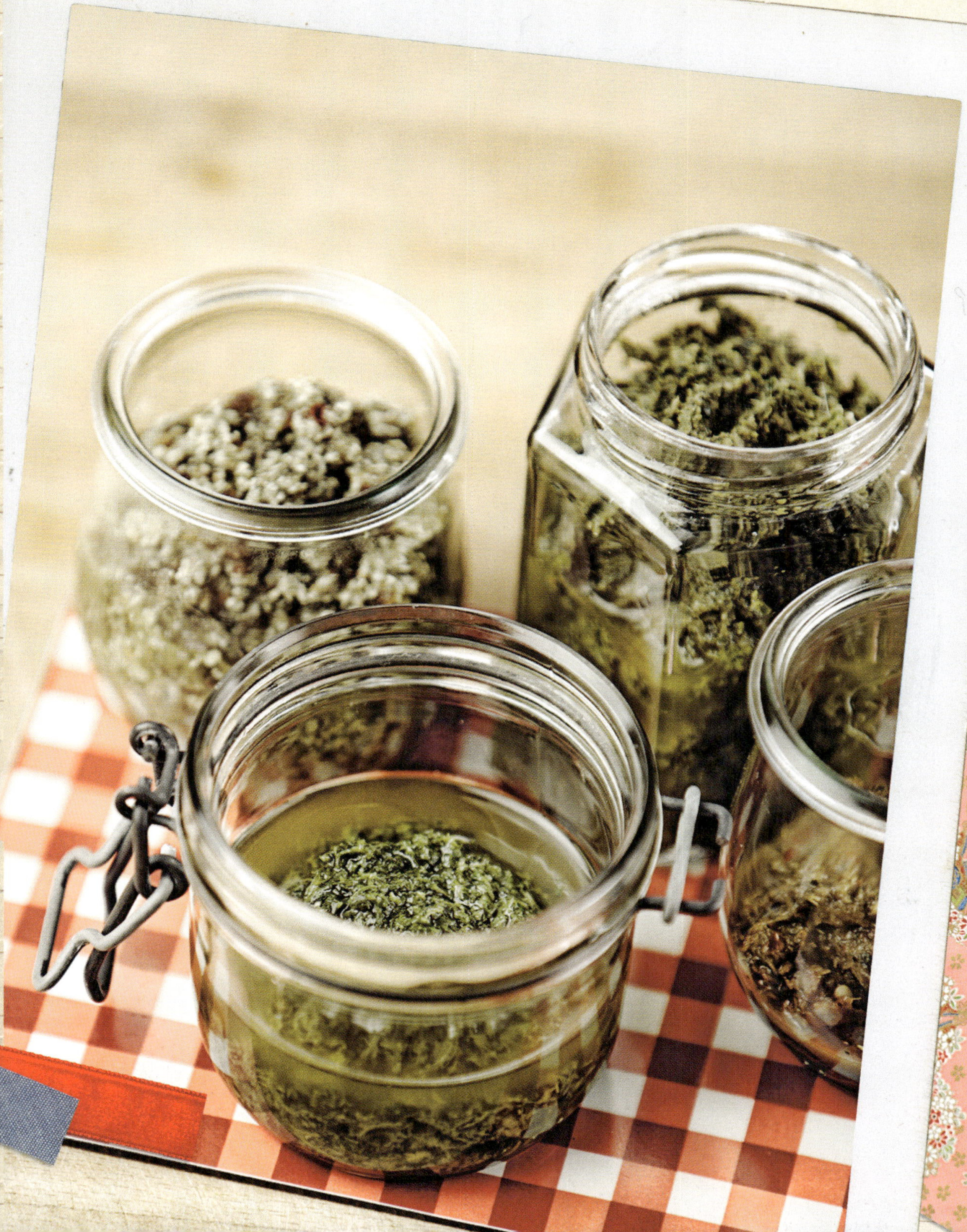

BALDWIN-BEACH-NORIROLLEN-BAUSATZ

wow

ZUTATEN

» Noriblätter
» Karottenstreifen
» Pastinakenstreifen
» Gurkenstreifen
» Salatstreifen
» Zucchinistreifen
» Pilze, gebraten
» Sprossen
» Avocadoschiffchen
» Mangostreifen
» Reis
» Sesam
» Hanfsamen
» Peanut Oelek (siehe S. 49)
» Mandelmus

Die Möglichkeiten sind unendlich. Das hier sind nur Vorschläge. Mach einfach deinen Kühlschrank auf und schau, was sich dabei ergibt. Noriblatt auslegen, Zutaten in einer Linie darauflegen und dann einfach zusammenrollen. Leichter geht's fast gar nicht.

STORY IN PINK

Das Leben kann so einfach sein. Wir machten uns oft viel Arbeit damit, Sushi für unterwegs vorzubereiten. Die Erleuchtung kam am Baldwin Beach, Maui. Neben uns am Strand setzte sich ein junger Surfer Boy hin und packte eine Lunchbox mit geschnippeltem Zeugs und eine Packung Noriblätter aus. Ganz nonchalant platzierte er das Geschnippelte im Noriblatt, rollte es schnell zusammen und biss ab. OMG! Seitdem machen wir das für unterwegs auch so, und die schönen meditativen Sushi-Roll-Aktionen finden am Sonntag statt.

PINKI-TIPP

Noriblätter halbieren, sonst werden die Rollen zu dick. Es soll ja mundgerecht sein.

PINKIPEDIA

Noriblätter in Rohkost zu erhalten ist nicht ganz so einfach. Wirklich rohe Noriblätter haben eine dunkelviolette Farbe. Durch das Rösten werden die Noriblätter grün und bekommen neben der längeren Haltbarkeit einen besonderen Geschmack.

CRUNCHY OFEN-WAN-TANS

ZUTATEN

» 10–15 Wan-Tan-Blätter
» Sesamöl geröstet
» Meersalz
» schwarzer Sesam

Den Backofen auf 180 °C vorheizen. Die Wan-Tan-Blätter auf einem mit Backpapier ausgelegten Backblech verteilen. Mit etwas Sesamöl bestreichen und mit ein wenig Salz und Sesam bestreuen. Für etwa 8 Minuten im Ofen schön braun und knusprig werden lassen. Fertig ist das optimale Knabbergebäck oder die Knusperbeilage zu Suppe und Salat.

MONKEY GOD SNACK

ZUTATEN

» 1 Banane
» 4 Rice Crackers
» Peanut Butter

Banane schälen und in Scheiben schneiden. Die Rice Crackers super sorgfältig mit Peanut Butter bestreichen, Bananenscheiben druff, fertig. Top, die Banane gilt!

PINKI-PLAUDEREI

Bei diesem Snack mussten wir an Hanuman, den Affengott und Sohn des Windgottes Vayu und der Anjana Devi, denken und schmunzeln. Die Vorstellung, wie Anjana dem jungen Hanuman ein solches Pausenbrot mit auf den Weg gibt, ist einfach zu komisch.

BÄM! ENERGY BALLS

ZUTATEN – FOR BEGINNERS

» 150 g Kokosraspel
» 150 g getrocknete Datteln
» Kokosraspel oder Kakaopulver zum Wälzen

ZUTATEN – POWER BALLS

» 80 g Mandeln
» 20 g Kokosraspel
» 150 g getrocknete Feigen
» 20 g Rosinen
» 1 EL Mandel- oder Kokosmus
» Kokosraspel, Kakaopulver oder Sesam zum Wälzen

Kokosraspel und Datteln im Mixer zerkleinern und anschließend mit den Händen gut durchkneten. Bällchen formen und diese in Kokosraspeln oder Kakao wälzen. Beginners are great!

Mandeln und Kokosraspel in den Mixer geben und zerkleinern. Feigen und Rosinen dazugeben und mit zerkleinern. Das Mus ebenfalls dazugeben und die Masse zu einem zähen Brei verarbeiten. Bällchen aus der Masse formen und nach Belieben in Kokosraspeln, Kakao oder Sesam wälzen.

ZUTATEN – SUPERFOOD BALLS

» 100 g getrocknete Datteln
» 150 g Cashewkerne
» 2 TL Hanfsamen
» 2 TL Chiasamen
» 1 EL Kakaopulver
» 1 EL Macapulver
» 1 EL Spirulina-Pulver
» 1 TL Kokospulver oder
  Kokosraspel

Die Datteln klein schneiden. Anschließend die Zutaten in der aufgelisteten Reihenfolge in den Mixer geben und diesen mehrmals ein- und ausschalten. Danach die Masse etwa 1 bis 3 Minuten mixen, bis ein feiner Teig entsteht. Zu Bällchen formen.

PEANUT MASALA

ZUTATEN

» 1 Fleischtomate
» 5 cm Salatgurke
» ½ Frühlingszwiebel
» 1 Handvoll Korianderblätter
» 150 g ungesalzene Erdnüsse
» 1 Schuss Sonnenblumenöl
» 1 TL Chat Masala (kriegt man in gut sortierten Asialäden oder halt im Internet)
» 1 Prise Chilipulver
» Saft von ½ Limette, frisch gepresst
» Salz

Tomate waschen, von den Stielansätzen befreien und in Würfel schneiden. Gurke schälen und ebenfalls würfeln. Frühlingszwiebel waschen, putzen und in Ringe schneiden. Koriander waschen und grob hacken.

Die Erdnüsse in einer Pfanne ohne Fett anrösten. Tomate, Gurke, Frühlingszwiebel, Koriander und Öl dazugeben und vermengen. Mit Chat Masala, Chilipulver und Limettensaft vermischen und nach Belieben noch mit etwas Öl beträufeln. Salzen, fini.

PINKI-TIPP

Naan-Brot oder Chapati dazu, oder als Beilage zu einem Salat. Oder wie wir, ohne alles, einfach nur so genießen.

STORY IN PINK

Das Rezept ist ein Mitbringsel aus Indien. Wir haben dieses Gericht oft als kleinen Snack zwischendurch gegessen. Es lief meistens so ab: Irgendwann während des Schreibens* sah einer von uns über den Monitor vom Laptop zum anderen rüber, und das Gegenüber wusste sofort, was los war: Peanut Masala, JETZT!

*Viele Inhalte in diesem Buch haben wir in Indien geschrieben. Auf dieser Reise haben wir es einmal mehr geschafft, unsere beiden Lieblinge zu vereinen: YOGA und FOOD.

Wir übten in der Ashtanga Yoga School Kovalam bei David Garrigues (an dieser Stelle ein »Hey DG, Hey Joy!«). Danach erst mal eine Runde im Meer schwimmen, einzweidrei frische Kokosnüsse bei Suryababy schlürfen und dann ging es ans Schreiben.

Für andere völlig verrückt, sich im Urlaub an den Laptop zu setzen und stundenlang zu schreiben. Für uns war es das perfekte Büro: rauschende Palmen, Raben, die den ganzen Tag was zu sagen hatten, IMMER! Und Gerüche süß wie Jasmin.

BULGUR-KICHERERBSEN-TOMATEN-PETERSILIEN-SALAT

ZUTATEN

» 100 g getrocknete Kichererbsen
» Salz
» 600 ml Gemüsebrühe
» 200 g Bulgur
» 2 reife Tomaten
» 1 Handvoll Petersilienblättchen
» Saft von 1 Zitrone, frisch gepresst
» schwarzer Pfeffer aus der Mühle
» gemahlener Kreuzkümmel (Cumin)

Kichererbsen über Nacht in Wasser einweichen.

Am nächsten Tag die Kichererbsen abgießen, abspülen und mit ½ Liter Wasser in einen Topf geben. Etwa 30 Minuten kochen, bis die Kichererbsen weich sind. Erneut abgießen und salzen.

Gemüsebrühe erhitzen. Bulgur in eine feuerfeste Schüssel geben, mit der heißen Gemüsebrühe übergießen und 10 bis 15 Minuten zugedeckt quellen lassen. Thats it! Anschließend Bulgur mit einer Gabel auflockern.

Tomaten waschen, von den Stielansätzen befreien und klein hacken. Petersilie waschen und ebenfalls hacken. Beides mit Bulgur, Kichererbsen und Zitronensaft vermengen und mit Salz, Pfeffer und Kreuzkümmel würzen.

PINKI-TIPP

Werden gekeimte Kichererbsen verwendet, diese vorher nur 3 bis 5 Minuten blanchieren. Pinki sagt zu Kichererbsen aus dem Glas: Geht gar nicht. Die lustigen Kerlchen kriegen da einfach einen komischen Geschmack. Nicht unser Ding.

PINKIPEDIA

Bulgur wird aus Weizen hergestellt. Dieser wird eingeweicht, gedämpft, in der Sonne getrocknet und danach grob geschrotet. Somit ist das Getreide bereits vorgekocht. Heller oder weißer Bulgur wurde mit Natronlauge gebleicht. Wir verwenden braunen Bulgur.

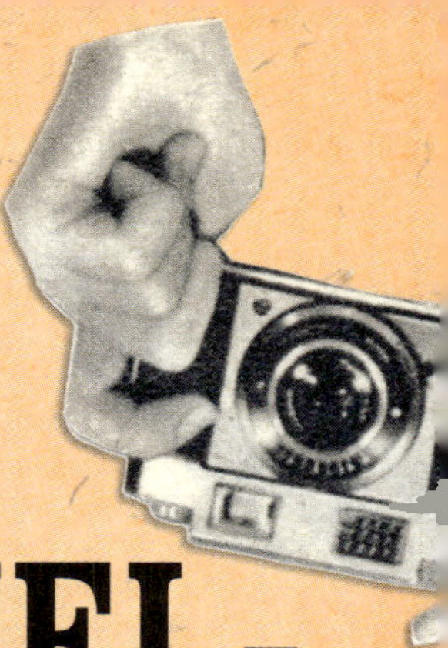

QUINOA-ORANGEN-FENCHEL-MANDEL-SALAT

ZUTATEN

GLUTEN-FREI

- 100 g bunter Quinoa
- 1 Orange
- 1 Fenchelknolle
- 1 Karotte
- 1 Handvoll gehackte Mandeln
- Olivenöl
- Aceto balsamico bianco
- Salz
- schwarzer Pfeffer aus der Mühle

WOW WOW WOW

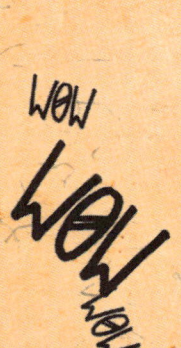

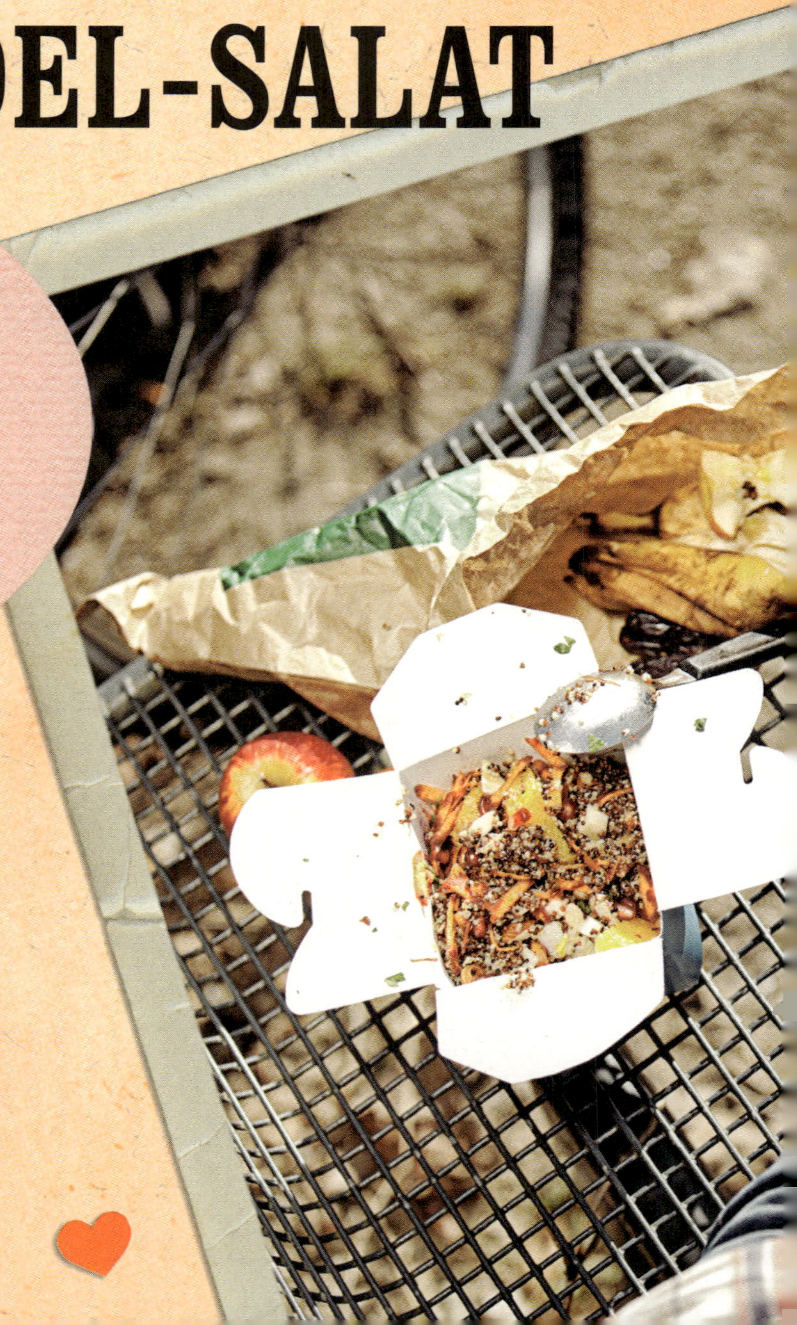

Quinoa vor Verwendung gründlich mit heißem Wasser abspülen, damit sich die bittere Schale löst. In einem Sieb abtropfen lassen. Danach den Quinoa in einen Topf geben und leicht anrösten. Mit Wasser so weit aufgießen, dass der Quinoa gut bedeckt ist. Etwa 10 Minuten bei geringer Hitze köcheln lassen, bis die Flüssigkeit vollständig aufgenommen wurde. Topf vom Herd nehmen und Quinoa etwas ziehen lassen.

In der Zwischenzeit die Orange schälen und in mundgerechte Stücke schneiden. Flippo filetiert die Orangen immer, der Angeber. Fenchelknolle waschen, putzen und ebenfalls in mundgerechte Stücke schneiden. Karotte waschen und raspeln. Mandeln in einer Pfanne ohne Fett anrösten.

Fenchel und Karotte mit 1 Schuss Olivenöl in einer Schüssel durchkneten und ein paar Minuten ziehen lassen. Flüssigkeit abgießen. Orange, Quinoa und Mandeln zur Fenchel-Karotten-Mischung geben und alles gut vermengen. Mit Balsamico, Salz und Pfeffer würzen.

PINKI-TIPP

Jetzt wird's richtig bunt und noch einen Tick leckerer: Granatapfelkerne drüberstreuen. Und auch ein Spritzer Zitronensaft schadet nie.

PINKIPEDIA

Schon seit 6000 Jahren dient Quinoa den Andenvölkern als wichtiges Nahrungsmittel. Das Inkakorn ist glutenfrei und für Veggies und Veganer besonders wertvoll, da es eine gute pflanzliche Eiweißquelle ist. Es enthält alle neun essenziellen Aminosäuren sowie außerdem eine Reihe von Mineralstoffen wie Magnesium, Kalzium, Mangan und Kupfer … Also freundet euch mit dem Quinoa an, Leute!

RAW FOODS/
SALATE

LEBENDIGES ESSEN

Das Thema Rohkost ist nun wirklich nicht neu. Jetzt sagen viele, ganz posh, RAW dazu. Jaaaa, wir auch. Hört sich in der Tat auch cooler an. Nicht für jeden ist zu viel Rohes günstig, aber uns tut es gut. Vor allem im Sommer ernähren wir uns zu 80 Prozent von rohen Lebensmitteln.

Es gibt Unterschiede in der Rohkostszene. Für die Hardliner sind verarbeitete rohe Lebensmittel wie z.B. ein geriebener Apfel schon nicht mehr richtig Rohkost, weil die natürliche Struktur verändert wurde. Wir sind eher von der »Nicht über 42 °C erhitzt«-Fraktion und machen mit rohen Lebensmitteln einfach wunderbare Gerichte. Durch die Zerkleinerung in einem guten Mixer werden die Zellwände aufgebrochen. Somit sind rohe Lebensmittel besser verdaulich, und es bleibt alles an Vitaminen enthalten.

KEIMLINGE UND SPROSSEN – VITAMINE VON DER FENSTERBANK

Frischer geht's nicht. Leichter geht's nicht. Vitaminreicher geht's nicht. Abwechslungsreicher geht's nicht. Geht's noch? Lass keimen Baby! Keimlinge und Sprossen sind Nahrung im besten Alter. Dann ist die Nährstofffülle am höchsten und die Vitamine liegen in konzentrierter Form vor. Deshalb gehören sie für uns in die Kategorie Superfoods. Sie sind super geeignet, den Körper das ganze Jahr über mit frischen Vitaminen zu versorgen – bei uns ein All-Year-Rounder. Im Sommer gut über Salaten und auf der Stulle, im Winter lecker locker in der Suppe.

SPROSSEN ZÜCHTEN

Du brauchst einen Teller mit einem etwa 2 bis 3 Zentimeter hohen Rand – z.B. einen flachen Suppenteller – oder einen Blumentopfuntersetzer und eine Biowatte mit Zick-Zack-Abriss (in jedem Drogeriemarkt erhältlich). Alternativ kannst du auch Küchenkrepp verwenden, das speichert allerdings nicht so gut das Wasser, und die Samenkörner werden leichter weggespült.

Die Watte auf dem Untersetzer ausbreiten und mit Wasser tränken. Saatgut aufstreuen und täglich mit frischem Wasser gießen. Nach etwa 2 Tagen beginnen die ersten Samen zu keimen. Erntereif sind sie, wenn sie kleine Blätter bekommen – dann beginnt die Fotosynthese, und die Vitalstoffe sind in geballter Form vorhanden.

SPROSSEN, DIE WIR AM HÄUFIGSTEN VERWENDEN

SORTE	GESCHMACK	KEIMDAUER	VITAMINE, MINERAL- UND NÄHRSTOFFE	WIRKUNG
ALFALFA	Mild-herb	6–7 Tage	Kalzium, Phosphor, Kalium	Helfen bei Blähungen, Appetitlosigkeit, Magenbeschwerden
BELUGALINSEN	Herb-würzig	4–5 Tage	Eiweiß, Zink, Fluor	Stärken das Immunsystem
KRESSE	Würzig-scharf	6–7 Tage	Vitamin C, Eisen, Phosphor	Regen die Verdauung an
RADIESCHEN	Scharf-würzig	6–8 Tage	Vitamin A, B1, B2 und C	Stärken das Immunsystem
SENF	Scharf	3–6 Tage	Vitamin C	Wirken entzündungshemmend und reinigend

PINKIPEDIA

Radieschensprossen sind auch gute Schimmelblocker! Bei der Aussaat anderer Sprossen immer ein paar Radieschensamen mit untermischen.

KEIMLINGE ZÜCHTEN

Dafür brauchst du ein Keimglas. Das gibt es in jedem Reformhaus, Bioladen oder auch in einem einigermaßen gut sortierten Haushaltswarenladen oder im Internet für 3 bis 5 Euro – die Einsteigerversion reicht absolut aus! Eine lohnende Investition. Das Keimgut zwischen 3 und 12 Stunden in reichlich Wasser einweichen. Nach der vorgegebenen Einweichzeit das Wasser wegschütten und danach täglich 2- bis 3-mal spülen. Das Glas auf den Kopf stellen, damit das Wasser ablaufen kann. Nach 2 bis 5 Tagen (je nach Keimgut) sind die Keimlinge zum Verzehr geeignet. Kichererbsenkeimlinge sollten vor dem Verzehr 3 Minuten blanchiert werden, da sie im Rohzustand unverträgliche Substanzen enthalten, die die Eiweißverdauung erschweren.

SORTE	EINWEICHZEIT	KEIMDAUER	VITAMINE, MINERAL- UND NÄHRSTOFFE
KICHERERBSEN	12 Stunden	3–4 Tage	Eiweiß, Zink, Eisen
LINSEN	12 Stunden	3–5 Tage	Eiweiß
MUNGBOHNEN	12 Stunden	3–5 Tage	Vitamin B1, B2 und C
QUINOA	3 Stunden	Max. 1 Tag	Die wichtigsten Aminosäuren
SONNENBLUMENKERNE	4 Stunden	2–3 Tage	Eisen, Eiweiß

PINKI EXPERIENCE

Unsere ersten Keimgläser haben wir selbst aus leeren Gurkengläsern gebastelt. Einfach mit einem Nagel in den Deckel ein paar Löcher schlagen, und das war's auch schon. Das ist allerdings keine Dauerlösung, da der Deckel im Laufe der Zeit zu oxidieren beginnt und somit an Hygiene zu wünschen übrig lässt.

GEKEIMTER LINSENSALAT

ZUTATEN

- » 1 rote Paprikaschote
- » 1 Bund Petersilie
- » 100 g gekeimte Linsen (siehe S. 75)
- » 50 g Sonnenblumenkerne
- » 3 EL Sesamöl
- » Saft von ½ Zitrone, frisch gepresst
- » 1 EL Tamari (Sojasauce); alternativ: 1 TL Ursalz

Paprikaschote waschen, putzen und in Streifen schneiden. Petersilie waschen und trockenschütteln. Die Blätter von den Stängeln zupfen und hacken. Ein paar Blättchen für die Deko beiseitelegen. Paprikastreifen, Petersilie, gekeimte Linsen und Sonnenblumenkerne in eine Schüssel geben und vermengen. Sesamöl, Zitronensaft und Tamari oder Ursalz dazugeben und alles noch mal gut durchmischen. Mit der beiseitegelegten Petersilie und nach Belieben noch mit einigen Sonnenblumenkernen bestreuen.

wow

wow
wow

SIDDHI-SALAT

ZUTATEN

» 1/3 Rotkohl
» 1 EL Salz
» 3 EL Sonnenblumenöl
» 1 TL gemahlener Kreuzkümmel (Cumin)
» 1 TL gemahlene Kurkuma
» 1 Karotte
» 1 Tomate
» 100 g gekeimte Mungbohnen (siehe S. 75)
» 3 EL Sonnenblumenkerne

PINKIPEDIA

Mungbohnen sind leicht verdaulich und verursachen keine Blähungen. Außerdem enthalten sie Eiweiß und Vitamine – und das nicht zu knapp. Besonders Vitamin E, das einen verjüngenden Effekt hat. 1 Tasse Mungbohnen ergibt etwa 7 Tassen gekeimte Mungbohnen, und da ist dann noch mehr Vitamin E enthalten – schon cool, finden wir!

Warum Siddhi-Salat? Siddhi sind übernatürliche Kräfte, und wenn man die Mungbohne so beim Keimen beobachtet, hat man das Gefühl, dass in diesem kleinen grünen Ding echt übernatürliche Kräfte stecken, so wie es da abgeht.

Rotkohl waschen und dünn hobeln oder schneiden. Salzen, mit 1 Esslöffel Sonnenblumenöl gut durchkneten und 10 Minuten ziehen lassen. Kreuzkümmel und Kurkuma untermischen.

Karotte und Tomate waschen und putzen. Karotte raspeln, Tomate klein würfeln. Mit den gekeimten Mungbohnen zum Rotkohl geben und alles locker durchmischen.

Die Sonnenblumenkerne in einer Pfanne ohne Fett rösten (ja, ja, schon klar, dann sind sie nicht mehr roh – schmeckt aber einfach besser). Sonnenblumenkerne über den Salat streuen.

GEKEIMTER HUMMUS

ZUTATEN

» 300 g gekeimte Kichererbsen
   (siehe S. 75; etwa 100 g getrocknete
   Kichererbsen)
» 4 EL Tahin
» 3 EL Olivenöl
» Saft von 1 Zitrone, frisch gepresst
» 1 TL Salz
» 2–4 EL Eiswasser
» Paprikapulver zum Bestreuen

GLUTEN-FREI

Die gekeimten Kichererbsen 3 Minuten blanchieren, abgießen und in einer Schüssel oder im Waschbecken mit warmem Wasser zwischen den Händen reiben. So löst sich die Schale von der Erbse.

Kichererbsen, Tahin, 2 Esslöffel Olivenöl, Zitronensaft und Salz in den Mixer geben und pürieren. Dabei nach und nach so viel Eiswasser dazugeben, bis eine glatte Creme entstanden ist. In eine flache Schüssel füllen, mit dem restlichen Olivenöl beträufeln und mit Paprikapulver bestreuen. Am besten schmeckt Fladenbrot dazu!

PINKIPEDIA

Die Kichererbsenkeime sollten nicht länger sein als die Kichererbse, da sie sonst bitter und irgendwie erdig schmecken. Durch das Blanchieren und Schälen werden sie besser verdaulich. Dann sind sie zwar nicht mehr roh, doch durch das Keimen hat sich die Nährstoffzusammensetzung ohnehin verändert. Und Verdauung geht ganz klar vor! Was hilft es, wenn du Vitamine zu dir nimmst und dich danach dein Magen plagt?

100 Gramm gegarte Kichererbsen enthalten 9 Gramm Eiweiß. Außerdem sind sie reich an Magnesium, Kalium, Kalzium, Phosphor, Vitamin E, Folsäure und Biotin. Zudem verbessert sich durch sie das Verhältnis von Omega-3- zu Omega-6-Fettsäuren.

RAMON-SALAT

ZUTATEN

» 1 Handvoll Rosinen
» 1 Handvoll Pinienkerne
» 150 g Babyspinat
» 150 g Rucola
» 1 EL Walnussöl
» 2 EL Aceto balsamico bianco
» 1 EL Tamari (Sojasauce)

Die Rosinen mit lauwarmem Wasser begießen und etwa 1 Stunde darin einweichen. Anschließend in ein Sieb abgießen und dabei das Einweichwasser auffangen. Rosinen abtropfen lassen. Die Pinienkerne in einer Pfanne ohne Fett anrösten. Spinat und Rucola waschen und trockenschütteln. Öl, Essig, Tamari und etwas Rosinenwasser zu einem Dressing verrühren. Spinat, Rucola, Pinienkerne und Rosinen in die Lieblingssalatschüssel geben, mit dem Dressing beträufeln und die Liebsten zu Tisch rufen. Wir empfehlen, bei jedem Bissen von allem etwas auf der Gabel zu haben. So schmeckt es einfach am besten.

STORY IN PINK

Die Inspiration zu diesem Salat wurde uns in Barcelona in der Tapas-Bar Ramon serviert, zusammen mit Gerichten auf anderen Tellern, bei deren Bestellung wir bestenfalls einen blassen Schimmer hatten. Hey Foxy!

ZUCCHINISPAGHETTI MIT KÜRBISKERNPESTO

ZUTATEN

» 3–4 Zucchini, je nach Größe und Hunger
» Saft von ½ Zitrone, frisch gepresst
» Kürbiskernpesto (Rezept siehe S. 54)

Die Zucchini waschen und putzen. Mit einem Spiralschneider zu Spaghetti verarbeiten und mit Zitronensaft beträufeln. Erst kurz vor dem Servieren das Kürbiskernpesto unterheben, sonst ziehen die Zucchinispaghetti zu viel Wasser und fallen zusammen. Schmeckt dann zwar immer noch großartig, sieht aber nicht mehr so schön aus. Zucchinispaghetti sind mittlerweile ein echter Pinki-Renner.

FLOWER CHILD

GURKENSALAT MIT ROSENSALZ

ZUTATEN

» 1 Salatgurke
» 1 Bund Dill
» 1 TL Rosensalz
» 1 EL mildes Olivenöl
» 1 EL Apfelessig
» 1 TL Apfeldicksaft
» 1 EL Mandelmilch

Damit das Dressing so richtig gut zur Geltung kommt und man sich den Rosengeschmack nicht nur einbilden muss, solltest du die Gurke schälen und in ganz feine Scheiben hobeln. Dann in eine Salatschüssel geben.

Dill waschen, trockenschütteln und fein schneiden. Mit Rosensalz, Olivenöl, Apfelessig, Apfeldicksaft und Mandelmilch zu einem Dressing verrühren und über die Gurkenscheiben geben.

PINK-TIPP

Beim Rosensalz gibt es große Qualitätsunterschiede. Tu dir den Gefallen, gib 'nen Euro mehr aus und kauf ein gutes. Das Salz sollte nicht nur eine leichte Ahnung von rosa Farbe haben, sondern ziemlich kräftig daherleuchten und vor allem duften! Gutes Rosensalz ist eine Mischung aus Natursalz und getrockneten, fein zerriebenen Bio-Rosenblütenblättern.

KAROTTENSALAT MIT GOMASIO

ZUTATEN

» 500 g Karotten
» Saft von 1 Zitrone, frisch gepresst
» 1 TL Sesamöl
» 1 TL Tamari (Sojasauce)
» 1 TL Lieblingssüße, z.B. Kokosblütensirup
   oder Agavendicksaft
» 2 EL getrocknete Berberitzen oder Sultaninen
» 3 EL Gomasio (asiatisches Sesamsalz)
» ½ TL schwarzer Sesam

Karotten waschen, putzen und raspeln. Zitronensaft, Sesamöl, Tamari und Lieblingssüße dazugeben und alles mit den Händen gut durchkneten. Zum Schluss Berberitzen oder Sultaninen sowie Gomasio unterheben und mit schwarzem Sesam bestreuen. Looks good, tastes fantastic!

SPINACH THORAN

ZUTATEN

- » 3 EL Kokosflocken
- » 300 g Babyspinat
- » ½ Frühlingszwiebel
- » 1 EL Kokosöl
- » 1 TL Senfkörner
- » 3–4 Curryblätter
- » 1 Prise gemahlene Kurkuma
- » 1 Prise Asa foetida
  (indisches Gewürz, auch bekannt als Asant;
  ist aber kein Muss, also keine Panik,
  wenn ihr es nicht zu Hause habt)
- » Chiliflocken nach Belieben
- » Salz

Kokosflocken etwa 1 Stunde in Wasser einweichen. Anschließend abgießen und ganz klein hacken. Spinat waschen und in feine Streifen schneiden. Frühlingszwiebel waschen, putzen und in feine Ringe schneiden. Das Öl erhitzen und die Senfkörner darin anrösten, bis sie zu knallen anfangen. Dann schnell die Curryblätter dazu und vom Herd nehmen.

Kokosflocken, Spinat, Frühlingszwiebel und Senfkörner-Curryblätter-Mischung in eine Schüssel geben und mit den Händen gut vermengen. Mit Kurkuma, Asa foetida und nach Belieben mit Chiliflocken bestreuen und noch mal gut vermischen. Zum Schluss mit Salz abschmecken.

KOKOS-KAFFIRLIMETTEN-DRESSING

ZUTATEN

- » 100 ml Kokosmilch
- » 1 EL Kokosmus (kein Muss mit dem Mus, aber ein Muss für uns)
- » 2 Kaffir-Limettenblätter
- » 1 kräftiger Schuss heller Essig, z.B. Aceto balsamico bianco oder Apfelessig
- » 1 TL Süße, z.B. Reissirup, Agavendicksaft oder was du halt magst
- » Salz

Kokosmilch und Kokosmus in einen Topf geben und leicht anwärmen (sonst setzt sich das Fett oben ab, nicht gut!). Mit Kaffir-Limettenblättern, Essig, Süße und Salz in den Mixer geben. Mixer anmachen. Mixer ausmachen. Schwuppdiwupp über den Salat.

PINKI-TIPP

Die kleinste Menge Kokosmilch, die es zu kaufen gibt, sind 200 Milliliter, zumindest hier bei uns. Davon bleibt also auf jeden Fall was übrig. Übrig gebliebene Kokosmilch kannst du zu einem Shake verarbeiten oder im Müsli verwenden.

TAHIN-LIMETTEN-DRESSING

ZUTATEN

- » Fruchtfleisch von ¼ Limette
- » 1 EL Tahin
- » 2 EL Sonnenblumenöl
- » 1 EL heller Essig, z.B. Apfelessig oder Reisessig
- » 1 TL Süße, z.B. Reissirup oder Agavendicksaft
- » 1 Messerspitze gemahlener Koriander
- » 1 Messerspitze gemahlener Kreuzkümmel (Cumin)
- » Salz

Noch 100 Milliliter Wasser abmessen und dann ab damit in den Mixbecher. Fertig ist das Ding.

wow wow wow

APFEL-MEERRETTICH-DRESSING

CREAMY CASHEW-MANGO-DRESSING

ZUTATEN

» ½ süß-säuerlicher Apfel
» 1 TL geriebener Meerrettich
» 100 ml Hafermilch
» 2 EL Apfelessig
» 2 EL Sonnenblumenöl
» Salz

ZUTATEN

» 1 Handvoll Cashewkerne
» ½ Mango
» 1 kräftiger Schuss heller Essig, z.B. Apfelessig
» 1 TL Kokosmus
» 1 TL gemahlene Kurkuma
» Salz

Mix it, und zwar mit 100 Milliliter Wasser. Währenddessen die andere Hälfte vom Apfel essen.

Die Cashewkerne über Nacht in etwas Wasser einweichen.

Am nächsten Tag die Mango schälen und das Fruchtfleisch vom Kern lösen. Die Cashewkerne abgießen, das Wasser wegschütten. 200 Milliliter frisches Wasser abmessen und dann – alles in den Mixer, is klar.

PINKI-TIPPS

Finger weg vom Apfel, den ihr letzte Woche auf dem Markt eingekauft habt, der in Vergessenheit geraten ist und nun einsam in der Obstschale sein Dasein fristet. Er wirft wahrscheinlich Falten und ist schon etwas mehlig. Das Mehlige wird dir dein Dressing total versauen. Schnipsel das Ding lieber ins Porridge und verwende für das Dressing einen frischen Apfel.

Wenn ihr Sahnemeerrettich verwendet, nehmt lieber 2 gehäufte Teelöffel. Gibt's auch vegan im Reformhaus – ohne Soja!

AVOCADO-KORIANDER-DRESSING

ZUTATEN

» ½ Avocado
» Saft von 1 Zitrone
» 1 EL Sonnenblumenöl
» einige Tropfen Sesamöl geröstet
» 1 EL Hanfsamen
» 1 große Handvoll frischer Koriander
» Salz

Die Avocado schälen und entkernen. Das Fruchtfleisch grob zerkleinern und mit Zitronensaft, Sonnenblumenöl, Sesamöl, Hanfsamen, Koriander (ja, ruhig die Stängel mit rein, no need to throw it away) und 150 bis 200 Milliliter Wasser in den Mixie. Mit Salz abschmecken.

PINKI-TIPP

Die Tropfen vom Sesamöl dienen dazu, den nussigen Geschmack der Avocado zu unterstützen, man soll das Sesamöl kaum rausschmecken. Wer noch ein bisschen »POW« im Dressing braucht, kann z.B. mit Wasabi arbeiten. Kommt voll gut.

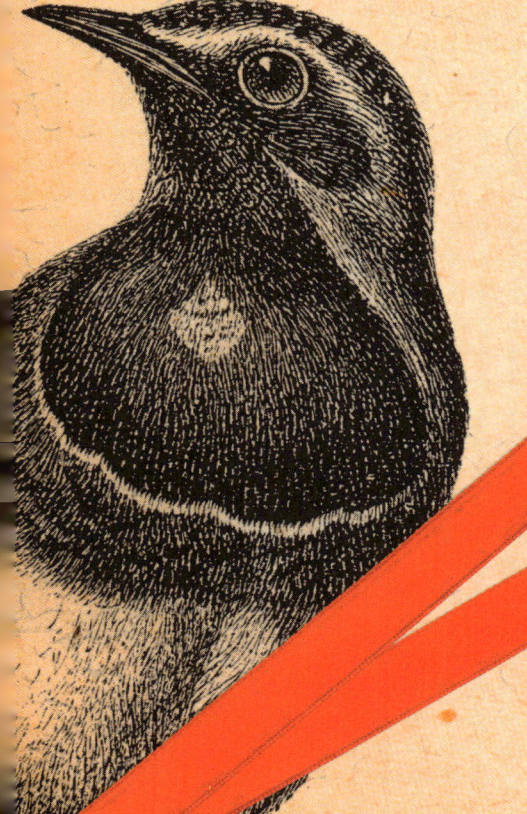

BOMBAY POPCORN

ZUTATEN

» 1 EL Sonnenblumenöl
» 2 cl Popcornmais
» feines Meersalz
» Currypulver

Das Öl in einem Topf erhitzen und den Mais hinein-geben. Zudecken und warten, bis es knallt. Knallen lassen, bis es wieder ruhig im Topf wird. Popcorn in eine Schüssel füllen und mit Salz und Currypulver bestreuen.

PINKI-TIPP

Statt einfach nur Salz über das Popcorn zu streuen, verwenden wir oft Curry. Das gibt dem Knallmais noch mal einen Kick. Aber scheut euch nicht, mal was anderes drüberzustreuen!

PINKIPEDIA

Popcorn stand schon bei den Ureinwohnern Ameri-kas auf dem Speiseplan – und hört, hört: Sie konnten je nach Form des aufgepoppten Korns die Zukunft vorhersagen.

TAMARI NUTS

ZUTATEN

» 1 Handvoll Sonnenblumenkerne
» 1 EL Tamari (Sojasauce)

Sonnenblumenkerne in einer Pfanne ohne Fett anrösten und anschließend mit Tamari karamellisieren lassen. Karamellisieren … HA, ja, wie karamellisiert man denn?

Fangen wir mal mit dem Anrösten an. Zum Anrösten muss die Pfanne heiß sein, aber nicht zu heiß. Man muss die Kerne oder Nüsse rühren. Wenn sie zu lange an einer Stelle liegen, verbrennen sie haargenau an dieser Stelle. Hitze und Bewegung also. Wie beim Ashtanga. Es entstehen Röststoffe und es beginnt, angenehm zu duften. Brandgeruch ist nicht angenehm; wenn's also ansatzweise brandig riecht, ist die Pfanne zu heiß, Sweetheart … Die Röstzeit richtet sich nach der Größe der Nüsse und Körner und nach der gewünschten Röstreife.

Wenn die Sonnenblumenkerne lange genug geröstet wurden, kommt Tamari ins Spiel. Schau, dass es rumkommt in der Pfanne, das Tamari, und in Kontakt mit allen Nüsslein und Körnchen! Danach auf einem Teller ausbreiten und kurz abkühlen lassen, sonst sind die Kerne sehr klebrig! So, und jetzt in ein Schüsselchen damit. Und das Schüsselchen in der Küche verstecken. Und wenn's dann entdeckt wird …

STORY IN PINK

Dieses Topping widmen wir unserem Ashtanga-Lehrer Ronald Steiner. Wie schön sein Gesicht aufleuchtet, wenn er zu uns in die Küche kommt und eine Schüssel mit Tamari-Sonnenblumenkernen entdeckt. Großartig! Natürlich könnt ihr jede andere Art von Körnern und Nüssen verwenden. Dem Ronald zuliebe schreiben wir das Rezept mit Sonnenblumenkernen.

Ronald, this one is for you!

SPICY COCONUT FLAKES

ZUTATEN

» 1 EL flüssiges Kokosöl
» ½ TL Chilipulver
» 2 Handvoll Kokosflocken

Kokosöl und Chilipulver verrühren. Kokosflocken dazugeben, vermengen und etwa 30 Minuten stehen lassen. Danach ruckzuck in der Pfanne schön anbraten, bis die Ränder leicht braun werden. Ja, 2 Handvoll erscheinen euch jetzt ein bisschen viel, aber ihr werdet die Hälfte davon eh essen, bevor die Dinger auch nur ein Blatt vom Salat gesehen haben.

MAHL

HANDFESTES FÜR DEN GRÖBEREN HUNGER

Dieses Kapitel beherbergt Rezepte, die für die meisten Leute unter die Kategorie Hauptmahlzeit fallen. Auch hier gibt es Unterschiede wie Tag und Nacht. Manchmal braucht man so eine richtig große Portion Pasta, ein anderes Mal tut es eine Schüssel warme Suppe. Kennen wir, geht uns nicht anders. Warmes und Herzhaftes wirken erdend, und das muss auch mal sein, vor allem in der kalten Jahreszeit.

Worauf wir allerdings achten, egal ob Suppe oder Pasta zum Abendessen: keine Mahlzeit nach 18 Uhr!

Warum wir das so handhaben, hat zwei Gründe. Zum einen wirkt sich dies besonders günstig auf die Yogapraxis am nächsten Morgen aus. Keiner will in der Früh mit der Pasta vom Vorabend auf der Matte zu tun haben, egal wie lecker sie war. Bereits nach drei Tagen verebbt das abendliche Hungergefühl. We promise. Hilfreich bei der Umstellung ist am Abend eine warme Mandelmilch (siehe S. 35). Diese Regelung lässt der Verdauung genügend Zeit, sodass der Yogi am nächsten Tag mit leerem Magen und Leichtigkeit

auf die Matte gehen kann. Der zweite Grund: In den alten Texten des Hatha-Yoga, z.B. in der Hatha Yoga Pradipika, wird ein gemäßigtes Essverhalten für den Yogi beschrieben. Die 18-Uhr-Regelung ist Teil unserer Interpretation davon. Ausnahmen gibt es natürlich immer – wir lieben Ausnahmen. Ashtangis üben traditionell an Voll- und Neumondtagen nicht. Einen Tag in der Woche geben auch die sonst so emsigen Ashtangis Ruhe, meist samstags. An diesem Abend vor dem freien Tag essen wir gern was mit mehr »Wumms«. Eine Art Soulfood für Yogis. Wir empfehlen diese Gerichte auch, wenn du das erste Mal Leute zum Essen einlädst, die eine gewisse Skepsis gegenüber der vegetarischen oder veganen Küche hegen. Mit unserer Bolognese oder dem Adzukibean Burger sahen wir schon manches Vorurteil schwinden. Es ist nicht jedermanns Sache, gleich mit einem gekeimten Mungbohnensalat in die vegane Yogi-Küche einzusteigen – im Yoga fängt man in der ersten Stunde ja auch nicht mit dem einarmigen Handstand an.

SPAGBOL
SPAGHETTI BOLOGNESE

»Bolo« heißt auf Hindi »sprechen«. »Bol« heißt möglicherweise »sprich«. Ergo Spagbol: sprich Spaghetti!

ZUTATEN

» 2 mittelgroße Karotten
» 1 Bund Suppengemüse
  (Knollensellerie, Petersilienwurzel,
  Pastinake, Lauch)
» 1 kleine rote Zwiebel (optional)
» 200 g Sonnenblumenkerne
» 3 EL Olivenöl
» 1 getrocknete Chilischote
» 2 TL getrockneter Oregano; alternativ:
  italienische Kräutermischung
» 1 TL geräuchertes Paprikapulver
» 1 TL edelsüßes Paprikapulver
» 1 EL Tomatenmark
» 1 Glas geschälte, stückige Tomaten
» ¼ l Gemüsebrühe
  (steht ja immer im Kühlschrank)
» Salz
» schwarzer Pfeffer aus der Mühle
» 20 g Zartbitter-Schokoladenraspel
» 1 TL Agavendicksaft
» 1 Schuss Aceto balsamico
» 250 g Spaghetti

Karotten waschen, putzen und raspeln. Suppengemüse waschen, putzen und sehr klein schneiden oder ebenfalls raspeln. Zwiebel abziehen und fein hacken. Sonnenblumenkerne klein hacken oder im Mixer grob schroten.

Die Sonnenblumenkerne ohne Öl in einem Topf anrösten, bis sie eine schöne leichte Röstfarbe bekommen. Aus dem Topf nehmen und beiseitestellen. Das Gemüse im heißen Topf ebenfalls ohne Öl leicht anrösten und dann erst das Olivenöl dazugeben. Gemüse ständig im Topf wenden; es soll ein leichtes Röstaroma entstehen. Sonnenblumenkerne, Chili, Oregano, Paprikapulver und Tomatenmark dazugeben und kurz im gebratenen Gemüse mitrösten. Anschließend mit Tomaten und Gemüsebrühe ablöschen. Mit Salz und Pfeffer würzen und dann köcheln lassen, köcheln lassen, köcheln lassen ...

Zwischendurch die Zartbitterschokolade einrühren. Köcheln lassen. Agavendicksaft ebenfalls unterrühren. Köcheln lassen. Die Bolo ist zwar schon nach etwa 20 Minuten fertig, aber wer es richtig lecker haben will, lässt sie 2 bis 3 Stunden bei sehr geringer Hitze vor sich hin simmern, rührt ab und zu mal um, probiert hin und wieder und gibt vielleicht noch ein bisschen Salz dazu. Und zum Abrunden einen Minischuss Balsamico.

Ach ja, eine alte italienische Regel lautet: Die Sauce wartet immer auf die Nudel. Also erst die Sauce kochen und dann die Nudeln, und zwar nach Packungsanleitung in reichlich Salzwasser und bissfest.

PINKI-PLAUDEREI

Bolo kochen hat sowas von Gemütlichkeit. Genauso wie Spagbol essen. Nach dem Bolognese-Kochen bin ich immer richtig tiefenentspannt. Und nach dem Spagbol-Essen erst recht. Resümee: Spagbol = Yoga!

PINKI-TIPP

Mach gleich die doppelte oder dreifache Menge, denn am nächsten Tag schmeckt sie noch besser. Etwas flüssiger zubereitet eignet sie sich perfekt für Lasagne!

PINKIPEDIA

Wir bevorzugen Tomaten aus dem Glas, da die Innenseiten von Konservendosen mit BPA-haltigen Harzen beschichtet werden, um zu verhindern, dass das Blech korrodiert. BPA (Bisphenol A) ist in Kanada, Dänemark und Frankreich bereits verboten, hierzulande aber noch Teil vieler Kunststoffe; es hat eine hormonähnliche Wirkung.

PINKI HAT GEHÖRT:

Die Götter mögen keine Zwiebeln und auch keinen Knoblauch, weil sie den Geruch nicht mögen. Vielleicht deine Mitmenschen oder Yogis ,die neben dir üben, oder dein Yogalehrer auch nicht.

TACOS OLÉ!

Wir lieben Fingerfood. Deswegen hier für euch ein Tortillarezept. Und für alle, die mal in den USA waren: Dies hier hat nichts, aber auch gar nichts mit Taco Hell zu tun! It's more like Taco Heaven. Diese Happy Amigos sind auf jeden Fall was für den Abend vor dem Ruhetag oder einen Abend mit Freunden. Man muss doch einiges vorbereiten, bevor die Fiesta losgehen kann.

ZUTATEN

TEIG
» 200 g Weizenmehl
» 100 g Dinkelmehl
» 1 Prise Salz
» ½ TL Backpulver
» 1 TL Öl
» Mehl zum Wenden

SALSA
» 2 Fleischtomaten
» ½ Mango
» 1 Frühlingszwiebel
» 1 kleine Chilischote
» 1 Handvoll gehackte Korianderblätter
» 1 TL Agavendicksaft
» Salz

FÜLLUNG
» 1 Handvoll schwarze Oliven ohne Stein
» Eisbergsalatstreifen
» 100 g gekochte Bohnen

HOLY GUACAMOLE
» Rezept siehe S. 44

OHHH SOOO CREAMY CASHEW CREAM CHEESE
» Rezept siehe S. 50

Für den Teig Weizen- und Dinkelmehl, Salz und Backpulver mischen. Öl und 200 Milliliter heißes Wasser zugeben und alles zu einem glatten Teig verarbeiten. Etwa 30 Minuten zugedeckt ruhen lassen. Anschließend den Teig in 6 gleich große Portionen teilen, in Mehl wenden und zu runden Fladen ausrollen. Sind die Teiglinge zu klebrig, nochmals in Mehl wenden und durchkneten. Eine Pfanne erhitzen. Sehr gut eignet sich dafür eine schwere Eisenpfanne. Die Tortillafladen in die heiße Pfanne geben. Wenn sie beginnen, Blasen zu werfen, wenden und leicht andrücken. Auf jeder Seite etwa 2 Minuten braten, bis sie leicht bräunlich sind. Ausgebackene Fladen in Alufolie wickeln, so bleiben sie weich.

Für die Salsa Tomaten waschen, von den Stielansätzen befreien und würfeln. Mango schälen, Fruchtfleisch vom Kern schneiden und ebenfalls würfeln. Frühlingszwiebel waschen, putzen und hacken. Chilischote waschen, längs aufschneiden, entkernen – wer es gern scharf mag, lässt die Kerne drin – und ebenfalls hacken. Tomaten, Mango, Frühlingszwie-bel und Chili mit Koriander, Agavendicksaft und Salz in eine Schüssel geben und gut vermengen.

Okay, jetzt geht's los mit dem Belegen. Dafür erst mal Oliven grob hacken. Dann ein bisschen von allem in die Tortilla, also ein bisschen Salat, ein Löffelchen Bohnen, ein bisschen Salsa, viel Guacamole, ein bisschen Cream Cheese und ein paar Olivenschnipsel – and we are ready for take off.

PINKIPEDIA

Good news: Die Nahrungsaufnahme mit der Hand gilt als gesundheitsfördernd. Juhuuuu! Im Ayurveda sagt man, dass die Verdauung schon mit der Berührung beginnt. In den Fingerspitzen befinden sich Millionen von Nervenenden, die Infos wie Temperatur, Textur und Menge an das Gehirn und von dort an den Magen weitergeben, und schon legen die Verdauungssäfte los. In Indien betrachtet man Essen als Gott oder als Prasad (heilige/göttliche Speise), und eine solche Speise würde man ja niemals und nimmermehr mit etwas Waffenähnlichem zu sich nehmen. Zu diesem Thema gibt es noch weitere Aspekte aus der indischen Kultur, ganze Bücher.

Mit einer Gabel oder einem Löffel kann es schon mal passieren, dass die Nahrungsaufnahme fast mechanisch abläuft. Man kennt ja den Begriff das Essen in sich »hineinschaufeln«. Am Ende ist man satt, aber doch irgendwie unzufrieden. Man schenkt dem Essen automatisch mehr Aufmerksamkeit, wenn man mit der Hand isst, sonst kommt ja unter Umständen im Mund gar nichts an. Dieses bewusste Von-der-Hand-in-den-Mund fördert nicht nur die Achtsamkeit ungemein, sondern auch die Verdauung. And it's lots of FUN, wofür wir natürlich voll und ganz zu haben sind. Also legt doch das Besteck einfach mal weg und lasst die Kinners mit den Fingern essen. Derjenige, der abspülen muss, freut sich bestimmt.

yeah yeah yeah

ADZUKIBEAN BURGER MIT AVOCADO AUF VOLLKORNDINKEL-BRÖTCHEN

ZUTATEN

BRATLINGE

» 200 g Adzukibohnen
» 1 Karotte
» ½ rote Zwiebel
» Sesamöl ungeröstet
» 1 TL geräuchertes Paprikapulver
» Chilipulver
» 1 Glas geschälte Tomaten
» 1 TL Agaven- oder Apfeldicksaft
» 1 TL Bohnenkraut
» 1 TL Salz
» 20–50 g Kartoffelmehl zum Binden
» Öl zum Anbraten
» Salatblätter, Tomatenscheiben
   und Essiggurkenscheiben zum Belegen

VOLLKORNDINKELBRÖTCHEN (4 STÜCK)

» 20 g Hefe
» 150 g Dinkelvollkornmehl
» 100 g Weizenmehl
» 1 TL Salz
» Mehl zum Bestäuben
» Öl zum Bestreichen
» Sesam zum Bestreuen

HOLY GUACAMOLE

» Rezept siehe S. 44

Für die Bratlinge die Adzukibohnen mit Wasser bedecken und über Nacht einweichen. Am nächsten Tag abgießen und unter fließendem Wasser abspülen. Karotte waschen, putzen und klein schneiden. Zwiebel abziehen und ebenfalls klein schneiden. Beides in Sesamöl scharf anbraten. Paprikapulver und Chili dazugeben und weitere 3 Minuten braten. Mit geschälten Tomaten und 150 Milliliter Wasser ablöschen – falls vorhanden, statt Wasser Gemüsefond verwenden – und den Agaven- oder Apfeldicksaft dazugeben. Bohnen und Bohnenkraut ebenfalls dazugeben und alles etwa 50 Minuten köcheln lassen, bis die Bohnen richtig weich sind.

Während die Bohnen kochen, die Burgerbrötchen herstellen: Dafür die Hefe zerbröckeln und in 150 Milliliter warmem Wasser auflösen. Mehl und Salz dazugeben und alles zu einem weichen Teig verkneten. An einem warmen Ort etwa 30 Minuten gehen lassen, bis sich der Teig ungefähr verdoppelt hat. In dieser Zeit den Avocadodip (Holy Guacamole, Rezept siehe S. 44) zubereiten.

Den Backofen auf 180 °C vorheizen. Den Teig vierteln. Die Teiglinge etwas kneten, zu flachen Brötchen formen und auf ein mit Mehl bestäubtes Backblech legen. In den Ofen schieben und nach etwa 10 Minuten Backzeit mit Öl bestreichen und mit Sesam bestreuen. Nach weiteren 20 Minuten aus dem Ofen nehmen und auf einem Rost abkühlen lassen.

Wenn die Bohnen weich sind, mit Salz würzen. In ein Sieb abgießen und abtropfen lassen, dabei den Fond auffangen und für eine Suppe verwenden. Die Boh-

nen-Gemüse-Masse mit dem Stabmixer pürieren. Wir mögen es, wenn die Masse nicht zu fein ist – es dürfen ruhig noch Bohnenstückchen dabei sein. Mit Kartoffelmehl verrühren, damit eine knetbare Masse entsteht, und aus dieser vier gleich große Bratlinge formen. Etwas Öl in einer Pfanne erhitzen und die Bratlinge darin auf jeder Seite 3 Minuten scharf anbraten.

Und nun noch anrichten: Die Brötchen aufschneiden, mit Avocadodip bestreichen, Burger-Patties auflegen und nach Belieben mit Salat, Tomate und Gurke belegen.

PINKI-TIPPS

Das Bohnenkraut macht die Bohnen leichter verdaulich. Für die Deluxe-Version noch schnell Mangoketchup zubereiten (Rezept siehe S. 52)!

NUTTY MANGOLD

ZUTATEN

- » 750 g Mangold
- » 75 g Walnüsse, gehackt
- » 75 g Cashews, gehackt
- » 50 g Haselnüsse, gehackt
- » 1/2 Tl Rosmarin, gehackt
- » Prise Chili
- » Prise Muskat
- » Salz
- » Pfeffer
- » 1 EL Olivenöl
- » 1 EL Walnussöl
  (wenn eines da ist, muss aber
  natürlich nicht sein)

STORY IN PINK

Wir haben in Bayern auf einem Selbstversorger-hof gekocht und in einem Sommer hatten sie UN-GLAUBLICH viel Mangold. Wir haben unendliche Variationen kreiert, aber der Nutty Mangold wurde der Liebling beim sommerlichen Mangold-Mania.

Als Erstes den Ofen auf 160°C vorheizen.

Gehackte Nüsse in der Pfanne anrösten, ganz zum Schluss den frischen Rosmarin und eine Prise Salz dazugeben. Aus dem Öl, Chili, Muskatpulver, Salz und Pfeffer eine Marinade anrühren. Mangold in Streifen schneiden und in eine Schüssel geben, Ma-rinade dazu und gut durchmischen, gerne sogar den Mangold etwas kneten. Handarbeit ist hier am besten. Den marinierten Mangold in eine Auflaufform geben und die Nussmischung drüberstreuen. So lange im Ofen lassen, bis die Nusskruste eine schöne Bräune abbekommen hat. Also ca. 10 Minuten.

Yep, das war's schon. Guten Appetit. Es passt so gut wie alles dazu, Reis, Kartoffeln, Linsen, Kräu-ternudeln. Was man so im Vorratsschrank noch hat.

SPICY BLUMENKOHL MIT WEDGED POTATOES

GLUTEN-FREI

ZUTATEN

- » 350 g vorwiegend festkochende Kartoffeln
- » Sonnenblumenöl
- » 1 EL geräuchertes Paprikapulver
- » 1 EL Schwarzkümmel
- » Muskatnuss, frisch gerieben
- » Salz
- » schwarzer Pfeffer aus der Mühle
- » Bockshornklee
- » gemahlene Kurkuma
- » gemahlener Koriander
- » gemahlener Kreuzkümmel (Cumin)
- » schwarze Senfkörner
- » 1 kleiner Blumenkohl

Den Backofen auf 180 °C vorheizen. Kartoffeln waschen und in Spalten schneiden (lasst bloß die Schale dran!). In eine Schüssel geben, mit Sonnenblumenöl beträufeln, mit Paprikapulver, Schwarzkümmel, Muskatnuss, Salz und Pfeffer bestreuen und alles gründlich durchmischen. Auf ein mit Backpapier belegtes Backblech geben und 30 Minuten im Ofen backen.

In der Zwischenzeit 75 bis 100 Milliliter Sonnenblumenöl mit Bockshornklee, Kurkuma, Koriander, Kreuzkümmel, Senfkörnern und Salz zu einer Marinade verrühren. Blumenkohl waschen, putzen, in Röschen zerteilen und in eine Auflaufform geben. Die Marinade drübergeben und alles gut durchmischen, damit jedes Röschen sein Fett abkriegt. Blumenkohl zu den Kartoffeln in den Ofen schieben, die dort schon seit 30 Minuten backen. Gemeinsam weitere 15 Minuten im Ofen lassen.

PINKI-TIPP

Manche werden jetzt fragen: »Ja, aber wo ist denn die Sauce?« Unsere Antwort darauf findet ihr auf den Seiten 52, 44 und 48 (Mangoketchup, Holy Guacamole, What's up Wasabi).

PINKIPEDIA

Wedges nennt man in der Küche alles, was in Spalten geschnitten worden ist. Außerhalb der Küche können Wedges auch hochhackige Damenschuhe mit keilförmigem Absatz sein.

COUSCOUS VOM BLECH

ZUTATEN

» 1 Aubergine
» Saft von 1 Zitrone
» Olivenöl
» Salz
» schwarzer Pfeffer aus der Mühle
» 3 Tomaten
» 1 gelbe Paprikaschote
» grobes Salz
» 1 Bund Thymian
» Öl für das Blech
» 5 getrocknete Tomaten in Öl
» 150 g Couscous
» 300 ml heiße Gemüsebrühe
» 1 Zitrone

Aubergine waschen, putzen und in Scheiben schneiden. Beidseitig mit Zitronensaft und Olivenöl bestreichen, salzen und pfeffern. Tomaten waschen, vom Stielansatz befreien und würfeln. Paprikaschote waschen, putzen und in breite Streifen schneiden. Die Paprikastreifen mit grobem Salz bestreuen. Thymian waschen und trockenschütteln. 3 Zweige beiseitelegen, vom Rest die Blättchen zupfen und klein hacken.

Den Backofen auf 180 °C vorheizen. Auberginenscheiben und Paprikastreifen gleichmäßig auf einem eingeölten Backblech verteilen und mit dem gehackten Thymian bestreuen. Das Gemüse 20 Minuten im vorgeheizten Ofen grillen. Die getrockneten Tomaten klein schneiden. Mit dem Couscous in eine feuerfeste Schüssel geben und mit der heißen Gemüsebrühe übergießen. Zugedeckt 10 Minuten quellen lassen.

Die Zitrone schälen und in Scheiben schneiden. Den Couscous mit einer Gabel auflockern und mit dem gegrillten Gemüse und den Tomatenwürfeln auf dem Backblech grob vermischen. Darauf die Zitronenscheiben und die beiseitegelegten Thymianzweige geben, salzen und nochmals 10 Minuten im Ofen backen. Der Couscous sollte leicht angeröstet sein. Das heiße Blech in der Tischmitte servieren. Achtung: Es ist hot, hot, hot!

STORY IN PINK

Das ursprüngliche Rezept, Gemüse mit Couscous aus dem Ofen, stammt aus einem kleinen Lokal in Tel Aviv, Israel. Der Stil, wie dort gekocht und serviert wurde, hat uns sehr gut gefallen, und es gab richtig gutes Essen. Wir haben beim Nachkochen natürlich im Pinki-Kochstil gearbeitet und ein paar Kleinigkeiten verändert.

PINKIPEDIA

Couscous wird aus dem Grieß von Weizen oder Hirse hergestellt. Dabei wird das gemahlene Getreide mit Salzwasser besprüht und anschließend zu kleinen Kügelchen zwischen den Händen gerieben. Diese Kügelchen werden nur im Dampf gegart. Der im Supermarkt erhältliche Couscous ist ein Instantprodukt, bei dem das Getreide bereits vorgekocht wurde. Somit wird der Couscous nur mit heißem Wasser aufgegossen.

KOCHEN FÜR FREUNDE

Eine Form von Yoga ist Bhakti Yoga – das Yoga der Liebe und Hingabe. Für uns ist das Kochen für Freunde und Familie pures Bhakti Yoga. Mit Hingabe und Liebe widmen wir uns jeder Kochsession.

Wenn man den Yoga-Faden (Yoga-Sutra) hier ein bisschen weiterspinnt, sind wir als Yogis bestrebt, in jedem das Göttliche zu sehen. Für uns ergibt sich daraus die Essenz: Wir füttern Gott. Für den einen oder anderen mag das ein bisschen abgehoben klingen, aber das macht nichts. Gott als Gast zu haben gefällt uns gut, und schließlich steckt Gott in jedem und allem.

»Alles ist Atman (Gott)!« – seitdem wir diesen Satz von Eberhard Bär bei einem Vortrag über die Upanishaden – die Upanishaden sind Teil der Veden, der wichtigsten indischen Schriften – gehört haben, begleitet er uns. An dieser Stelle ein Gruß an Ebi!

DOUZO SPINATSALAT

ZUTATEN

- » 500 g junger Spinat
- » Sesamöl
- » Salz
- » Muskatnuss, frisch gerieben
- » 2 EL Black Tahin (Paste aus schwarzem Sesam)

Den Backofen auf 160 °C vorheizen. Spinat waschen, trockentupfen und auf ein mit Backpapier belegtes Backblech geben. Mit Sesamöl beträufeln und mit Salz sowie Muskatnuss bestreuen. Ofen auf, Spinat rein. Spinat etwa 3 Minuten im Ofen lassen. Sobald er zu zerfallen beginnt, raus aus dem Ofen und rein in eine Schüssel. Tahin dazugeben und alles gut vermischen. Zum Tisch bringen. Don't forget to say »douzo« – das sagt man in Japan, wenn man dem Gast das Essen reicht.

PINKI-TIPP

Es muss nicht unbedingt Tahin aus schwarzem Sesam sein, es genügt auch die normale Sesampaste, die eher im Handel zu finden ist. Wir mögen aber den Geschmack lieber, und die schwarze Farbe hat extrem viel Style.

FRIED KÜRBIS-GYOZA MIT PEANUT OELEK

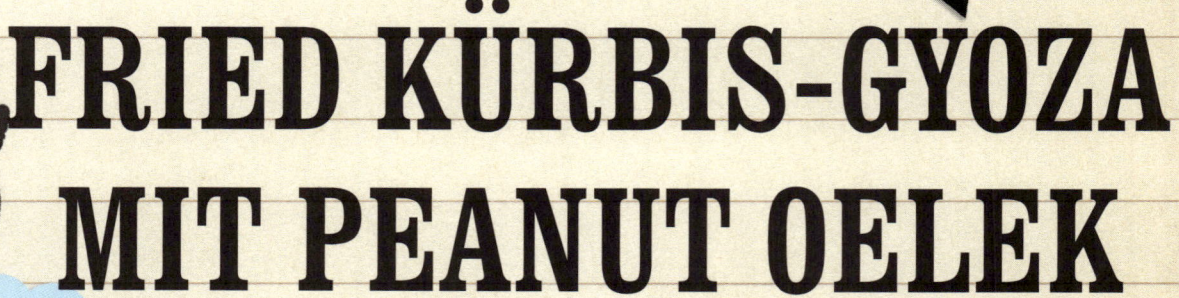

ZUTATEN

» 400 g Hokkaidokürbis
» 1 Frühlingszwiebel
» Sonnenblumenöl zum Andünsten
» 1 Messerspitze Vanillemark
» Salz
» Peanut Oelek (Rezept siehe S. 49)
» 15 Gyoza-Blätter
  (findet ihr in der Tiefkühltruhe im Asialaden)
» ½ l Erdnussöl zum Frittieren

tig gut zusammendrücken, damit die Taschen beim Frittieren nicht wieder aufgehen.

Das Erdnussöl in einem Topf erhitzen. Es ist heiß genug, wenn du ein Holzstäbchen reinhältst und sich Blasen um das Stäbchen bilden. Die Gyoza-Taschen frittieren, bis sie goldbraun sind, dann auf Küchenkrepp abtropfen lassen.

Und jetzt zack zack Oelek herholen, auf den Tisch stellen und Gyoza reindippen. Das Wichtigste: Nicht wegen der letzten Tasche streiten!

PINKI-TIPP

Diese Teilchen sind tolle Begleiter zu Suppe oder Salat.

Kürbis in Stücke schneiden und in wenig Wasser weich kochen. Frühlingszwiebel waschen, putzen, in Streifen schneiden und in Sonnenblumenöl andünsten. Weichen Kürbis abgießen, in eine Schüssel geben und mit der Gabel zerdrücken. Mit Vanillemark, Salz und angedünsteten Frühlingszwiebelstreifen vermischen. Beiseite- oder kühl stellen und dann erst mal das Peanut Oelek zubereiten (siehe S. 49). In dieser Zeit die Gyoza-Blätter auftauen lassen.

Die Gyoza-Blätter auf der Arbeitsfläche ausbreiten und die Kürbisfüllung darauf verteilen. Gyoza-Ränder mit etwas Wasser benetzen und die Blätter zu einer Tasche zusammenfalten. Die Ränder rich-

PINKIPEDIA

Gyoza sind mit Fleisch oder Gemüse gefüllte japanische Teigtaschen. Der Teig besteht aus Weizenmehl, Stärke, Salz und Wasser.

FENCHEL MEETS ORANGE

ZUTATEN

» 2 EL Misopaste
» 1 EL Reissirup
» 2 EL Tamari (Sojasauce)
» 1 EL Sonnenblumenöl
» 1 TL Senf
» 1 Fenchelknolle
» 1 Orange
» Öl zum Anbraten

Misopaste, Reissirup, Tamari, Sonnenblumenöl und Senf in eine Schüssel geben und zu einer Marinade verrühren. Fenchel waschen, putzen und in 6 gleich große Stücke schneiden. Mit der Hälfte der Marinade einpinseln und etwas im Kühlschrank ziehen lassen. In der Zwischenzeit die Orange schälen und in 1 Zentimeter dicke Scheiben schneiden.

Öl in der Pfanne erhitzen und den marinierten Fenchel darin von allen Seiten goldbraun anbraten. Orangenscheiben dazugeben und bei geringer Hitze etwa 3 Minuten vorsichtig mitbraten. Restliche Marinade mit 5 Esslöffel Wasser vermischen und ebenfalls in die Pfanne geben. Das Ganze noch 5 Minuten ziehen lassen, dann genießen.

PINKI-TIPP

Wir verwenden je 1 Esslöffel helle und dunkle Misopaste.

SUSHI IN DER SCHÜSSEL

Auch dieses Rezept ist für zwei Personen. Falls ihr mehr als einen Freund habt, einfach dementsprechend die Mengen multiplizieren.

ZUTATEN

- » 1 Tasse brauner Rundkornreis
- » 2 EL Mirin (Reisessig); alternativ:
  Aceto balsamico bianco
- » 2 EL Reissirup oder ein anderes Süßungsmittel
- » ½ TL Wasabipulver
  oder etwas Wasabi aus der Tube
- » 1 EL Tamari (Sojasauce)
- » 100 g Shiitake- oder Austernpilze
- » Sesamöl zum Anbraten
- » 2 Karotten
- » 1–2 Noriblätter
- » 1 EL Gomasio
- » 1 TL schwarzer Sesam

Braunen Reis mit 1½ Tassen Wasser in einen Topf geben und gar kochen. In eine Tonschüssel füllen,

mit einem Tuch bedecken und 10 Minuten ruhen lassen. Mirin, Reissirup, Wasabi und Tamari zu einer Marinade verrühren und unter den Reis mischen. Nochmals 10 Minuten zugedeckt ruhen lassen.

Während der Reis kocht und vor sich hin meditiert, könnt ihr bereits die Pilze putzen, vierteln und kurz in Sesamöl anbraten. Karotten schälen und in wenig Wasser mit etwas Mirin und Reissirup blanchieren. Abgießen und in kleine Stifte schneiden. Noriblätter klein schneiden. Zum Schluss Pilze, Karottenstifte, Gomasio und Noriblätter unter den Reis heben und mit schwarzem Sesam anrichten.

PINKIPEDIA

Also erst mal: Brauner Reis, Vollkornreis und Naturreis sind das Gleiche. Wir verwenden meist braunen Reis. Warum? Er schmeckt richtig gut, leicht nussig. Die Textur ist auch gut, da hat man was zu beißen. Und vor allem hat er im Vergleich zu seinen Albino-Brüderchen mehr Nährstoffe. Beim braunen Reis werden das Silberhäutchen und der Keimling nicht entfernt – und das sind genau die Teile, in denen die ganzen Vitamine, Mineralstoffe, Eiweiße und Ballaststoffe stecken. Weil er zudem mehr Fett und Eiweiß enthält, macht er auch wirklich satt, und das bleibt man auch eine ganze Weile.

Gomasio ist ein Gemisch aus geröstetem Sesam und geröstetem Salz. Es hilft bei übersäuertem Magen.

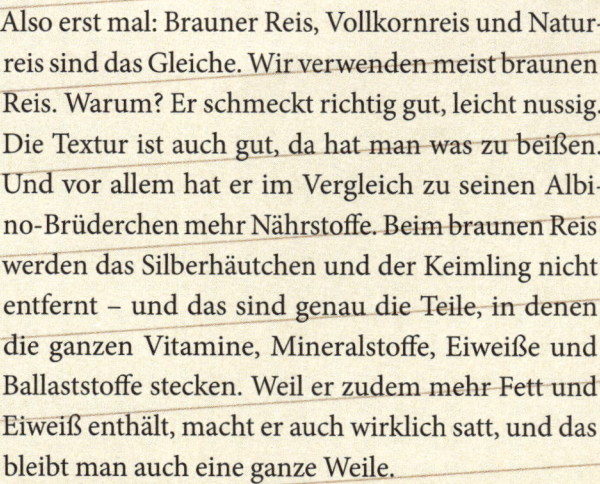

SUPER NORI ROLLS

ZUTATEN

» 1 kleines Stück frische Ingwerwurzel
» 100 g gekeimte Sonnenblumenkerne
  (siehe S. 75)
» ½ TL Wasabipulver
» ½ TL Spirulina-Pulver
» 1 TL helle Misopaste
» 1 TL Tamari (Sojasauce)
» 1–2 TL Sesam
» 2 Noriblätter

Ingwer schälen. Mit Sonnenblumenkernen, Wasabi, Spirulina-Pulver, Misopaste und Tamari in den Mixer geben und zu einer zähen Masse mixen. Aus dem Becher nehmen und den Sesam untermischen; es soll eine Konsistenz entstehen, die an gekochten klebrigen Reis erinnert.

Die Noriblätter dritteln und auf der Arbeitsfläche ausbreiten. Je 2 bis 3 Esslöffel der Ingwer-Sesam-Masse auf die Noriblätter streichen; dabei einen 1 Zentimeter breiten Streifen an der oberen Kante freilassen. Die Blätter von unten her aufrollen, den freigelassenen Streifen mit etwas Wasser befeuchten und die Blätter zu Rollen verschließen.

Die Super Nori Rolls sind sofort zum Verzehr geeignet, auch noch am nächsten Tag. Das Noriblatt weicht allerdings ein bisschen auf. Im offenen Behälter kühl aufbewahren und erst bei Bedarf aufschneiden. Wir finden die Rolls am besten, wenn sie einige Stunden bei 40 °C getrocknet wurden bzw. 12 bis 14 Stunden im Dehydrator (Dörrgerät) waren. Dann sind sie auch lange haltbar.

AUG

PINKI-DIP-TIPP

Einfach toll schmecken die Super Nori Rolls mit einem Rote-Bete-Wasabi-Dip. Dafür 1 mittelgroße Rote Bete schälen und in Stücke schneiden. Mit 1 Esslöffel Wasabi, 1 Teelöffel gemahlenem Koriander, 1 bis 2 Teelöffel Tamari und etwas Wasser in den Mixie geben und fein pürieren. Nach und nach so viel Wasser zugeben – insgesamt etwa 50 bis 100 Milliliter –, bis die gewünschte Dip-Konsistenz erreicht ist.

Wer schon bei den Aufstrichen unterwegs war, wird jetzt sagen: »Hey, das ist doch der Rote-Bete Aufstrich!« (siehe S. 48). Gut aufgepasst, ist nur ohne Kokos und Hanfsamen und hat eine andere Konsistenz. Same same but different.

PINKI-TIPPS

Die meisten Bio-Sonnenblumenkerne, auch von deutschen Anbietern, stammen aus Taiwan, der Türkei oder Ungarn. Bitte achtet darauf, Sonnenblumenkerne sowie Sonnenblumenöl aus der Region zu kaufen. Es gibt in Deutschland einige Produzenten, die in Bioqualität anbauen. Bitte unterstützt diese Betriebe. Ja, Sonnenblumenöl kann tatsächlich nach Sonnenblumenkernen schmecken. Sie sind ein Muss für Veganer!

PINKIPEDIA

Noriblätter enthalten sehr viele Mineralstoffe wie z.B. Zink sowie die Vitamine A, C und E. Sie gelten als Schlankmacher, sind fettfrei und enthalten viel Protein.

Sonnenblumenkerne enthalten sehr viel Folsäure und sind der Spitzenreiter unter den Nüssen, was den Gehalt an Magnesium anbelangt. Zudem bestehen sie aus über 25 Prozent Protein.

FUJI POPSICLES

ZUTATEN

» 400 ml Kokosmilch
» 200 ml Hafermilch
» 100 g Milchreis*
» 2 EL Kokosblütenzucker
» 5 EL Reissirup
» 200 g Hafer Cuisine
» 1 TL Matchapulver
» 200 g Kirschen aus dem Glas
» Popsicle-Förmchen (Eis am Stiel)

* Gesünder ist natürlich brauner Reis, Heather nimmt aber gern den weißen Milchreis wegen der Farbkombi. Pff, Designer.

Kokos- und Hafermilch in einen Topf geben und zum Kochen bringen. Den Reis dazugeben und bei geringer Hitze so lange kochen, bis er schön weich ist. Das dauert beim Milchreis 20 bis 25 Minuten. Dabei unbedingt immer wieder rühren! Bitte nicht vergessen! Das ist beim Milchreis die halbe Miete. Kurz vor Schluss Kokosblütenzucker und Reissirup unterrühren. Wenn sich der Kokosblütenzucker aufgelöst hat, den Topf vom Herd nehmen.

Hafer Cuisine und Matchapulver im Mixer zu einer homogenen Flüssigkeit mixen. Dann ab zum Reis im Topf damit. Die Kirschen in eine Schüssel geben und zerdrücken, sodass eine kompottartige Konsistenz entsteht. Anschließend zuerst etwas von der Kirschmasse in die Popsicle-Förmchen füllen, dann mit Milchreis auffüllen.

Förmchen in den Gefrierschrank legen und zu Eis werden lassen. Am besten einfach über Nacht, dann ist das Warten nicht so schlimm. Süße Träume!

PINKIPEDIA

Matcha ist gemahlener Grüntee hoher Qualität, meist aus Japan. Er wurde vor über 800 Jahren von buddhistischen Mönchen als Meditationsgetränk erschaffen. Also wenn das nichts für uns Yogis ist!

Es ist zwar nicht ausreichend mit klinischen Studien belegt, aber man sagt, dass Matcha bei Alzheimer, multipler Sklerose, Darm- und Prostatakrebs sowie Diabetes hilfreich sein soll. Das darin enthaltene Koffein – klar, nicht jedermanns Sache – ist für den Körper ein sehr verträglich gebundenes Koffein. Neben dem Koffein hat Matcha wirklich tolle Inhaltsstoffe zu bieten, darunter Chlorophyll, Proteine, Kalzium, Eisen – Matcha zählt zu den eisenhaltigsten Lebensmitteln überhaupt –, Kalium, Vitamin A, die Vitamine B1, B2, B3 und Vitamin K.

«P»

BEST OF THE REST

Gemüsebrühe fundamental bis advanced: In unserer Gemüsebrühe landen nur die Schalen vom Wurzelgemüse und alles an Gemüseabschnitten, das vorher gründlich gewaschen und geputzt wurde. Zwiebelschalen, Kerngehäuse der Paprika, Zucchinistiele, Abschnitte von Pilzen und die Stiele frischer Kräuter – es passt einfach alles, und die Brühe bekommt dadurch einen kräftigen, wechselnden Grundgeschmack.

Weil wir laufend eigene Brühe herstellen, gibt es in unserem Kühlschrank stets eine Dose mit geputztem Gemüse. Lässt sich schnell verarbeiten: zu einer Blitz-Rohkost, zu Grillgemüse, zur Suppeneinlage, zu Gemüsesugo für Pasta, zu einem Gemüsecremesüppchen, zur Thaipfanne …

Wurzelgemüse, Zwiebel, Lauch, Ingwer und Petersilie waschen und schälen bzw. abziehen oder waschen und trockenschütteln. Die Schalen – und nur die Schalen – wandern jetzt statt im Biomüll zu landen in den Kochtopf. Ja, auch die Zwiebelschalen und das Äußere vom Lauch, das nicht mehr soooo gut aussieht, auch die Petersilienstängel. Alles zusammen in wenig Öl anrösten.

Chilischote waschen, halbieren und entkernen. Mit Pfefferkörnern und Salz zum Gemüse geben, kurz mitrösten und sofort mit Wasser aufgießen. Deckel drauf, aufkochen lassen. Dann die Lorbeer-

ZUTATEN

- » 1 Petersilienwurzel
- » 2 Karotten
- » 1 Pastinake
- » 1 Sellerieknolle
- » 1 rote Zwiebel (gibt eine schöne Farbe)
- » 1 Lauchstange
- » 1 Stück frische Ingwerwurzel
- » einige Stängel Petersilie
- » Öl zum Braten
- » 1 getrocknete Chilischote
- » 10 Pfefferkörner
- » 1 EL Salz
- » 2 Lorbeerblätter
- » einige Stängel Liebstöckel
  (der wächst wunderbar auf der Fensterbank!)

blätter und den Liebstöckel dazu und das Ganze bei kleiner bis mittlerer Hitze mindestens 30 Minuten köcheln lassen. Je länger, desto besser.

Saubere Schraubgläser auf ein feuchtes Tuch stellen (damit sie nicht springen – sagt Mutti). Die Gemüsebrühe durch ein Sieb in die Gläser abfüllen und mit dem Deckel verschließen. Gläser nicht bis zum Rand befüllen, damit ein Vakuum entstehen kann. Abkühlen lassen und im Kühlschrank lagern. Die Brühe ist mindestens 2 Wochen haltbar, wenn die Gläser luftdicht verschlossen sind.

PINKI-TIPP

In eine Brühe kommen immer Gewürze als Ganzes rein, nicht in Pulverform.

PINKI STYLE

Von allem etwas und von jedem ein bisschen und vor allem das, was gerade zur Verfügung steht. Wenn du deine Brühe in eine Geschmacksrichtung trimmen möchtest, dann einfach, je nach Land, Lust und Liebe, Gewürze dazugeben und mit ausköcheln lassen. Etwa so:

THAI STYLE: Zitronengras, Sternanis, Fenchel
INDIAN STYLE: Kardamom, Kreuzkümmel, Kurkuma, Zimtstange
MEDITERRANEAN STYLE: Oregano, Thymian, Rosmarin

AUG

NO MORE THAN 10 MINUTES SOUP

ZUTATEN

» 1 EL rote Currypaste
» 1 EL Erdnussbutter
» Öl zum Braten
» ½ kleine, klein gewürfelte rote Zwiebel
» 1 geraspelte Karotte
» 1 geraspeltes Stückchen Ingwer
» 1 Kaffir-Limettenblatt
» 2 Tassen Gemüsebrühe
» Korianderpesto (siehe S. 127)
» 1–2 EL Tamari (Sojasauce)
» Reisnudeln
» ein bisschen klein geschnittener Schnittlauch
» 1 Handvoll gehackte Korianderblätter
» Chiliflocken
» 1 Handvoll geröstete und gehackte Erdnüsse

Zubereitung stichpunktartig, muss ja schnell gehen ... Currypaste und Erdnussbutter in Öl anrösten. Zwiebel, Karotte, Ingwer, Kaffir-Limettenblatt dazu und anschwitzen. Brühe dazu. Korianderpesto und Tamari dazu. Reisnudeln 3 bis 4 Minuten mitkochen (oder wie es halt auf der Packung steht). Suppe in Schüsselchen füllen.

Schnittlauch, Koriander, Chiliflocken (wenn man hat und vor allem mag) und gehackte Erdnüsse über die Suppe streuen.

KURRY-KARTOFFEL-MANGO-SUPPE MIT KORIANDERPESTO

ZUTATEN

SUPPE

» 500 g Kartoffeln
» 1 Mango
» Sesamöl zum Anbraten
» 2 EL Currypulver
» ½ l Gemüsebrühe (notfalls geht auch Wasser)
» 1 TL Salz

KORIANDERPESTO

» 1 Bund Koriander
» 50 ml Sonnenblumenöl
» 1 TL Kürbiskernöl
» 1 TL Salz
Siehe Bild Seite 129

Für die Suppe Kartoffeln schälen und würfeln. Mango schälen, das Fruchtfleisch vom Kern und in Stücke schneiden. Das Öl in einem Topf erhitzen und die Kartoffeln darin goldgelb anbraten. Currypulver dazugeben und mit anrösten. Mango zugeben, umrühren und mit Gemüsebrühe ablöschen. In 10 Minuten gar kochen lassen und alles mit einem Kartoffelstampfer zerdrücken. Wer es feiner haben will, kurz mit dem Pürierstab mixen. Mit Salz würzen. Für das Korianderpesto Koriander waschen und trockenschütteln. Die Blättchen von den Stängeln zupfen und mit Sonnenblumen- sowie Kürbiskernöl und Salz im Mixer klein hacken. Zum Servieren einen Klecks Pesto auf die Suppe tröpfeln.

PINKI-TIPP

In vielen asiatischen Rezepten wird frischer Koriander verlangt, jedoch meist nur ein bisschen, so, dass vom Bund viel übrig bleibt. Da sich frischer Koriander nicht so lange hält, haben wir dieses Pesto erfunden. Seitdem ist es Dauergast in unserem Kühlschrank. Übrig gebliebenes Pesto kann für etwa 3 Wochen im Kühlschrank aufbewahrt werden. Das Pesto muss dazu in ein sauberes Glas abgefüllt und mit Öl bedeckt werden. Achtung mit dem Pesto: Den Geschmack von frischem Koriander empfinden manche Menschen, die mit der asiatischen Küche nicht vertraut sind, als seifig. Am besten kleckst sich jeder das Pesto selber in die Suppe.

PINKIPEDIA

Koriander hilft bei Verdauungsproblemen, das Blattgrün enthält viele Antioxidanzien.

LINSENSUPPE MIT GEBRATENEN CHAMPIGNONS

ZUTATEN

LINSENSUPPE

» 200 g gemischtes Wurzelgemüse, z.B. Sellerie, Karotte, Petersilienwurzel, Pastinake, Zwiebel
» 1 cm frische Ingwerwurzel
» 250 g Belugalinsen
» Sonnenblumenöl zum Anbraten
» 1 TL gemahlene Kurkuma
» 1 TL Kreuzkümmel (Cumin)
» ½ TL Bockshornklee
» ½ TL Koriandersamen
» Chilipulver
» 1 Lorbeerblatt
» 600 ml Gemüsebrühe (notfalls geht auch Wasser)
» 1 TL Salz

GEBRATENE CHAMPIGNONS

» 500 g Champignons
» Olivenöl
» schwarzer Pfeffer aus der Mühle
» 1 guter Schuss Aceto balsamico bianco
» Salz

Für die Linsensuppe Wurzelgemüse waschen, putzen und raspeln. Ingwer schälen und klein hacken.

Linsen waschen. Das Öl in einem Topf erhitzen und Wurzelgemüse, Ingwer, Kurkuma, Kreuzkümmel, Bockshornklee, Koriander, Chili und Lorbeer darin scharf anbraten. Linsen dazugeben und noch kurz unter ständigem Rühren weiterbraten. Mit Brühe ablöschen. Zugedeckt aufkochen lassen, dann die Hitze reduzieren, den Deckel einen Spalt vom Topf ziehen und die Suppe 20 Minuten köcheln lassen. Erst wenn die Linsen weich sind, mit Salz würzen.

Für die gebratenen Champignons die Pilze putzen und je nach Größe vierteln oder halbieren. Etwas Olivenöl in einer Pfanne erhitzen und die Champignons darin anbraten. Pfeffer dazugeben und kurz mit anbraten. Mit Balsamico ablöschen und mit Salz abschmecken. Vor dem Servieren kurz mit dem Pürierstab durch die Suppe gehen. In Schalen mit den gebratenen Champignons als Topping anrichten.

STORY IN PINK

Was haben Champignons in der Linsensuppe verloren? Die Linsensuppe war schon in die Schüsseln geschöpft, als ich im Kühlschrank noch Antipasti-Champignons vom Vortag entdeckte und mir 'nen Klecks oben drauf gab. Déjà-vu beim Essiggeschmack – ich musste unweigerlich an die Linsensuppe meiner Mutter denken, die immer leicht nach Essig schmeckte. Unsere Pinki-Linsensuppe wurde zwar mit indischen Gewürzen gestylt, aber diese Kombination mit den italienischen Balsamico-Champignons hat es uns echt angetan.

»PUMPKIN QUICKIE«

ZUTATEN

» ½ KLEINER (!) Hokkaidokürbis
» 1 Stückchen frische Ingwerwurzel
» 1–2 EL gelbe Currypaste
» 1 EL Öl
» 100 ml Kokosmilch
» 1 GROSSE (!) Handvoll Cashewkerne
» 1 Schuss Tamari (Sojasauce)
» Salz
» schwarzer Pfeffer aus der Mühle
» abgeriebene Schale von ½ Zitrone

Siehe Bild Seite 129

Kürbis in grobe Stücke schneiden. Ingwer schälen und reiben. Currypaste in Öl anrösten; den Ingwer dazugeben und kurz mitrösten. Mit 50 Milliliter Wasser und Kokosmilch ablöschen. Aufkochen und den Kürbis so lange köcheln lassen, bis er weich ist. Währenddessen die Cashewkerne in einer Pfanne ohne Fett anrösten und mit Tamari ablöschen. Jetzt alles entweder in den geliebten Mixer oder die Cashewkerne zum Kürbis in den Topf geben und alles zusammen pürieren. Zum Schluss mit Salz und Pfeffer abschmecken und die Zitronenschale daruntermischen.

PINKI-TIPP

Seit wir entdeckt haben, dass Vanille und Kürbis gut zusammenpassen, kommt bei uns immer eine kleine Prise Vanillemark mit rein. Heather sagt, es macht den Gaumen rund ... ähhhmmm, ja ... okay ... Probier es einfach aus und schau, was geht.

PEAS AND PEANUT SOUP

ZUTATEN

- » 1 grüne Kardamomkapsel
- » 1 Zwiebel
- » 1 EL Sonnenblumenöl
- » 3 EL Erdnussbutter
- » 400 g TK-Erbsen
- » 1 EL fein geriebene frische Ingwerwurzel
- » Salz
- » schwarzer Pfeffer aus der Mühle
- » Chiliöl nach Belieben

Siehe Bild Seite 129

Die Kardamomkapsel öffnen und die Samen im Mörser zerstoßen. Zwiebel abziehen und würfeln. Das Sonnenblumenöl in einem Topf erhitzen und den Kardamom darin anrösten. Erdnussbutter da-zugeben und ebenfalls anrösten. Zwiebelwürfel, Erbsen und Ingwer zur Kardamom-Erdnussbutter-Mischung geben und alles schön anschwitzen. Mit Wasser ablöschen, aufkochen lassen, pürieren und durch die Flotte Lotte passieren. Mit Salz und Pfeffer abschmecken. Wer mag, kann noch ein paar Tropfen Chiliöl drüberträufeln.

PINKI-PLAUDEREI

Zum Thema Peanut Butter ... Heather könnte ein Referat darüber halten, wann und wie welche Erdnussbutter zu verwenden ist. Die grundlegende Frage ist aber: CRUNCHY (stückig) or CREAMY (cremig)? Wir haben immer mindestens ein Glas von beiden da. Macht doch, was ihr wollt.

AUG · 57 ·

GÖTTERS

NACHTISCH